Chuangyejia
Xiangfa he Ni Bu Yiyang

创业家
想法和你不一样

成功创业心灵银行

〔美〕林富元 著

北京大学出版社
PEKING UNIVERSITY PRESS

图书在版编目(CIP)数据

创业家想法和你不一样:成功创业心灵银行 /（美）林富元著. —北京:北京大学出版社,2017.6

ISBN 978-7-301-27951-9

Ⅰ. ①创… Ⅱ. ①林… Ⅲ. ①商业经营—经验 Ⅳ. ①F713

中国版本图书馆 CIP 数据核字(2017)第 012631 号

书　　　名	创业家想法和你不一样——成功创业心灵银行 CHUANGYEJIA XIANGFA HE NI BU YIYANG
著作责任者	〔美〕林富元　著
责 任 编 辑	魏冬峰
标 准 书 号	ISBN 978-7-301-27951-9
出 版 发 行	北京大学出版社
地　　　址	北京市海淀区成府路 205 号　100871
网　　　址	http://www.pup.cn
电 子 信 箱	weidf02@sina.com
新 浪 微 博	@北京大学出版社
电　　　话	邮购部 62752015　发行部 62750672　编辑部 62750673
印 刷 者	三河市博文印刷有限公司
经 销 者	新华书店
	965 毫米×1300 毫米　16 开本　11.5 印张　129 千字 2017 年 6 月第 1 版　2017 年 6 月第 1 次印刷
定　　　价	36.00 元

未经许可，不得以任何方式复制或抄袭本书之部分或全部内容。
版权所有，侵权必究
举报电话: 010-62752024　电子信箱: fd@pup.pku.edu.cn
图书如有印装质量问题，请与出版部联系，电话: 010-62756370

目录 Content

001　第一部分
　　　创业风猛吹之下的三大迷思

002　**1.1**　我自己的创业与投资经历简述

008　**1.2**　从创业的三大迷思说起

013　**1.3**　大部分创业家都面临同样的问题

017　第二部分
　　　多数创业家在开始出发前就想错了！
　　　——阻挠你成功赚大钱的障碍是谁？在哪里？

018　**2.1**　钟子平为什么会失恋？

024　**2.2**　天下最美的女孩为什么要这样？

029　**2.3**　认识你创业成功最大的敌人

036　**2.4**　对的想法带来创新创业真精神

041	第三部分 改变态度，让你也成为赚大钱的成功创业家的九个决胜态度
042	**3.1** 决胜态度一　行动与信心
053	**3.2** 决胜态度二　团队与领导
076	**3.3** 决胜态度三　市场与竞争
089	**3.4** 决胜态度四　追求不同与保护核心
104	**3.5** 决胜态度五　合作伙伴与业界联盟
114	**3.6** 决胜态度六　投资人与好股东
124	**3.7** 决胜态度七　促进营销与开发市场
135	**3.8** 决胜态度八　机会与运气这两样东西
147	**3.9** 决胜态度九　投资人欣赏什么样的创业家
165	第四部分 总结：你也可以赚大钱成功快乐
166	**4.1** 从一位高中女生说起
173	**4.2** 创业家必须有的几种态度
177	**4.3** 与大家共享荣耀吧！
178	**4.4** 谁说你比别人差？

第一部分　创业风猛吹之下的三大迷思

　　我能力似乎不够，怎能创业成功？
　　我没有钱（或说找不到钱），怎能创业成功？
　　现在时机不好，竞争又多，我怎能创业成功？
　　附加另一个迷思：人家都说我这个点子不可能成功的，我怎么办？

1.1 我自己的创业与投资经历简述

我在美国硅谷从事天使投资与创投业数十年,除了自己亲手创立了数家企业以外,前后也投资了五十余家新创企业。在这数十年的苦心经营里,我有幸获得将近三十家公司或大或小的成功。

在我参与投资以及协助创立的多家新创公司里头,有不少后来成为非常成功与著名的跨国大型企业。在这里,我从自己成功投资的企业里头列出几家比较有名的(这里仅着重简述我首投的几家新创企业。更详细的资料可参考拙作《四十年天使投资告白》一书):

Avanti:当公司团队还在彼此磋商的时候,我提供给这家公司第一张天使投资支票鼓励他们,促成了他们欢乐开张。1995年股票上市,当年是全球最大的半导体设计软件公司之一。几年后被另一家公司以美金7.5亿(US$750 million)并购,收益三十余倍。

AltiGen:我最早投入好友胡智博这家VoIP的公司,1997年在互联网开始狂飙之际股票上市。

Vertex Network:网络设备公司。1998年被MITEL以2亿美金(US$200 million)并购,收益二十余倍。创业者陈宪正至今还在一些董事会里与我共事。

Light Logic：光电组件公司。这是我特别津津乐道的几家特殊成功案例之一。我在创业者Dr. Jean-Marc Verdiel完全走投无路的时候，于1998年带领朋友们投入，给了他翻身的机会。结果他快速地在2001年以4.5亿美金（US＄450 million）将公司出售给世界半导体大哥英特尔INTEL，收益一百多倍。

Greatland Electronics：这是我协助老友龚荣棕创设的电子公司，自己也担任副董事长多年，并负责欧美市场开发。这家工厂最鼎盛时，在中国、泰国及台湾地区有六七个工厂，员工超过万人，我在美国、欧洲也分别建立了六个营销据点。后来我因为共同创立硅谷的橡子园创投企业（Acorn Campus），必须全职投入，才将自己持有第二大的股份全数卖出，收益数倍。

Pine Photonics：松光通讯。这是我投资光电教父龚行宪的好案例，自己也忝为共同创办人。我将这家新创公司引进橡子园，后来公司出售给日本大企业日立Hitachi1所属的Opnext，然后2003年该公司股票在纳斯达克上市。日后龚行宪也成为第二代橡子园创投的重要伙伴。

MPS（Monolithic Power System）：我是最早进入这家新创半导体公司的首批天使投资人，其他还有老友陆申与陈灿荣。这家公司于2004年股票上市，创办人邢正人一直越战越勇，至今在市场上已经是雄霸一方的大公司，市值在30亿美金左右（US＄3 billion），收益数十倍。

Monday Technology：兴奇科技。当年台湾成长最快的电子商务企业，我应宏基集团董事长黄少华以及高尔夫球巨星柯立培之邀进入它的董事会。之后数年，他们的营业额更是飞飙，有几个季度还超越大咖詹宏志的 PC Home。2008 年以保密价格卖给了台湾雅虎（Yahoo），收益多倍。

Fortinet：飞塔科技。我在这家硅谷华人谢青创办的网络安全事业里，只是成长过程中的一位小股东，但是至今我们还经常通过一些创业讲学活动互相帮忙。不过我敬佩的合伙人，也是老师臧大化先生，则是这家公司的大功臣。他不但大量投资，还担任董事长直到公司股票上市。这家公司的市值近年来最高达到 80 亿美金（US $ 8 billion）。

Luxnet：华星光通。这是我与光电教父龚行宪合作的第二个好案例，原先在硅谷，我就担任创始董事多年。后来公司移师亚洲，努力多年，2010 年在亚洲股票上市，表现也长期亮丽！我依依不舍地陆续售出手中股票，收益倍数也令人满意！

Winning Soft：卫宁软件。我在中国大陆投资了两家健康照顾事业，其中一家就是这家中国最成功最大的医院管理软件公司（另一家是我共同创办的远盟康健［Healthlink］），它们在 2011 年上市。卫宁软件在创业板上市时，我的股票挂在集团名下，但个人持股算一算大约也是前十大股东。到了晚近几年，这家拥有非常优秀领导人的公司，市值都在 30 亿与 50 亿美金之间波动（中国大陆股票市场变化比较剧烈［volatile］）。我的收益很高，但可惜没能继续持股，不然可以有三四百倍的惊人获利。

另外我在 2010 年后，也继续参与培养几家非常先进的创新企业，其中有不少家表现强劲。我自己乐观估计，在未来三五年内，大概都可以成功上市或被并购。现在拿出来说说，读者可以观察到，我长年来协助创立的新创企业内容，其实是非常多元化的：

Healthlink：远盟康健。目前中国最大的医疗救援与健康照顾公司，我是共同创办人，也担任董事长八年，最近将董事长重责交给华人企业巨头曹兴诚博士。这家公司在中国大陆的健康照顾市场的通路渠道上潜力无穷，最近刚刚帮助南方基因检测在半年内突破十倍的营业。

Farasis Energy：孚能能源。这家电池公司一般人可能还没听过，但是在世界先进的电池界专业人士眼里，他们是真正比日本韩国都厉害的一家美国电池技术公司。全世界最大的全电动摩托车，都只用这家公司的电池组件，目前他们也被许多家电动汽车公司追赶着订货。我是他们的独立董事，虽然他们还未上市，但市值已经非常逼近所谓的独角兽了（也就是市值超过美金十亿以上的未上市企业，目前包括小米、优步（Uber）、AirBnB等等）。

TechPoint：闷声不响地设计制造汽车 surveillance camera 安全系统半导体，得到多家世界最大汽车公司的青睐。我是第一批投入协助这家公司的天使群之一，一直认为它是业界尖端，后起之秀。如果本书推出不久后就听到它的股票上市，也不用惊讶。

Sumilux Technology：现在还在秘密地进行将复杂的企业文件（business documents）与企业小区网络化（enterprise social networks）紧密地结合成未来新时代的代表性产品。大家拭目以待。这家公司最近刚刚被高价并购，因为价格属于保密咨询，所以不便透露。

Paxata：大数据中段的重要技术突破，目前虽然股票还未上市，但成绩斐然。他们的技术先进，客户都是世界上最著名的企业，包括美国政府以及读者能想到的最大型银行等等。

Base Venture：我投入这家新创的金融产品企业时，还没有人说出"FinTech 新金融技术"这个名词。投资了以后，发现满街开始也在跟着唱起"新金融技术"这件事。这家公司除了我的天使集团投资以外，还有世界级鼎鼎大名的金融技术，也是最大最成功的 Fidelity IT 公司同时投入。

读者可能会觉得，好像我参与及投资的企业大多是科技方面的？其实不是，我一直以来在房地产（Real Estate）与其他产业也多有涉足。像我参与建设的狮子城华人购物中心（Lion Plaza）以及其他相关建设，就是硅谷最有名的早期华人房地产大案。在房地产投资领域里，收益十几倍的案子其实不多。还有我自己现在还是一个硅谷住宅建设项目共同开发的最大股东，地点就在 Google 与 Facebook 不远的山景城（Mt. View）。

另外，我目前还特别热衷抗衰老（Anti-Aging）这个领域以及我早在 20 年前就开始观察的老人照顾行业。不晓得是不是因为自己年龄渐长？还是因为生物科技的进步已经到了那个境界，现在有好多抗衰老的好东西啊！

我现身说法，讲这一辈子到目前有将近三十家自创与协助创立的成功企业，加起来有百亿之大，并不是要忽悠或吹牛，而是要点出几样重要的事实：

（1）**我本人并不具有特别的技能或本事，在校期间更是经常补考或逃学的异类。**（因为我同时也玩了一辈子半职业性的摇滚乐，见过我的人都知道我本人是非常 High 的，不可能花太多时间 K 书？）

（2）因为在校时疯狂地玩摇滚乐，所以我不是什么伟大学校毕业的，最多也只是加州圣塔芭芭拉的硕士。何况我学习普通，还没毕业就将知识学问还给老师了。我常觉得，有些人到了七老八十，还永远在到处强调自己是什么台清交大北大什么的，他们如何与凡人不同？或许因为本身没有什么建树，一生只能依靠缅怀当年名校校友群聚，来微弱地维持自己价值？

（3）我在好几本书里写过，20世纪80年代我创业期间确实是一穷二白的，但是穷有穷的做法，还是熬过来了。很多人喜欢听我讲当年创业的故事，因为我在最辛苦的时候，太太偏偏就生了儿子，我说是"屋漏偏逢连夜雨"，害听众笑破肚皮。甚至有听众说，林先生，因为你没钱，不能出去娱乐，所以留在家里头努力生产。不过后来我创业突破，投资也成功，最大原因完全是老婆的鼓励与孩子们的启示。

（4）我创业与投资的过程中，不晓得吃过多少闭门羹与轻蔑白眼，包括自己也心灰意冷数回，甚至受骗或遭欺多次。但凡事未到盖棺论定，不用因为他人的批评而太早放弃。就拿八年前创立投资远盟康健（Healthlink）来说，我们两位创办人四处去募资寻找伙伴，筚路蓝缕走过来，过程中讥笑过我的人最少也有一百个吧！但这公司现在被视为最佳创新案例，市场能量雄厚，未来从紧急救援开拓发展到全民日常健康照顾，绝对有澎湃汹涌的实力！

1.2 从创业的三大迷思说起

我及多位硅谷创业有成的朋友,像陈五福、徐大麟、臧大化、庄人川、龚行宪等科技界巨擘,以及更多直接返回亚洲落脚创新创业的前辈,都是从80、90年代就开始回到亚洲呼吁创新创业,多年来始终努力不懈。

大概时间到了,社会风气也养成了,这几年"创新创业"这四个字,终于从老企业家口中所说的"搞这个干嘛"的"隐学",脱胎换骨变成众人抢着说"一定要干"的"显学"。当然,创新创业这股风潮是整个时代巨轮带动的必然趋势,不敢说是我们这些早期硅谷创业家的功劳,但我们在其过程中绝对有过一番贡献。

我在亚洲多处讲学超过二十年,不论是在新加坡国立大学的礼堂里、上海北京的创业沙龙中,还是台北香港形形色色的聚会里头,遇见的都是不比硅谷创业家逊色的年轻人。

我所谓的年轻人,说的是心境与斗志年轻高昂,与年龄无关。

年轻人对创业充满幻想,这是件非常好的事情。

但年轻人想要创业,却也特别容易受伤,更容易由于外界给予的错误讯息而陷入迷思。

他们的困扰,大致上从前端标题所说的头三大祸害迷思开始：

> 我能力似乎不够，怎能创业成功？
>
> 我没有钱（或说找不到钱），怎能创业成功？
>
> 现在时机不好，竞争又多，我怎能创业成功？
>
> 附加另一个迷思：人家都说我这个点子不可能成功的，我怎么办？

如果没有加以适时的妥善引导，这些迷思会逐渐扩大延伸为更多更复杂的自我纠缠。

过去40年我遇见过数千位有心创业的人。绝大部分人，他们对创业这件事的心态，在勇敢踏出之前，还有其他自我挣扎的迷思：

> 对创业前的自己，有那种"飞龙困于浅水"的自我挣扎迷思：
>
> 现在的工作不错啊？何必一定要强迫自己去趟创业的浑水？
>
> 唉！家里事情已经够多了，等过一阵子比较不忙时再说吧？
>
> 如果真的创业了，自己喜欢做的事（像看电影、看电视、上网玩乐、陪男女朋友逛街……）不就忙到没时间做了？
>
> 万一失败的话，不是要被朋友们笑话了？
>
> 我要去哪儿找钱？要对人家低声下气吗？
>
> 能不能找到伙伴呢？万一伙伴把我的好点子抢走偷走又怎么办？

别人好像运气都很好，一下子就找对题目，只有我运气不好？

现在的景气与时机似乎不很好？此时创业会不会自寻死路？

我又不懂经营事业，凭什么能够做大做成呢？

我是合适的领导人吗？还是我比较适合一辈子做打工仔？可以无忧无虑，不是也挺不错嘛？

我有很多兴趣，还想探讨很多不同的事物，我真的就为目前的点子奉献一生吗？

为什么没有别人来邀请我和他们一起创业，这样子我自己也轻松一些？

哎呀！不要自找麻烦（或说自讨苦吃）当老板，现在轻松愉快地做个职员，天塌下来有别人承担，多么自在啊！

……等等。

同时，这些有心创业的朋友，对创业之后的想象，也有非常多或许是过分乐观的无知迷思。

对创业后的自己，也有"我这条巨龙即将一飞冲天"等过分乐观的无知迷思：

啊！真好，马上可以去印刷写有"董事长""总经理"或"执行长"的名片，大量发给朋友了！

我的点子这么好，做出来的产品或服务必然是天下第一，所有的人都会立刻迫不及待地来向我购买！

目前看不到有任何竞争对手，显然这世界上还没有人像我这样有独到的眼光与先见。

我已经完全了解市场。依据某某市场调查，我的市场总额有 5,000 亿。我很客气地预估，三年后自己可以得到 5%～10% 的市场，也就是 250 亿到 500 亿。

市场开发有什么难？多寄几万份信函出去。就可以坐在办公室里头等着订单如雪片般地飞来。

我看有些人也没什么本事，随便做了一些网上购物网站，稀里哗啦的就简简单单捞金了？我的东西比他们还好呢！

听说我这一类的点子是投资基金最梦寐以求的？太棒了，到时候我一定可以要求到极高的报价。

找钱有什么难？我只要到什么 Kick Start 或 Tech Crunch 精彩地做个简介，马上就有一堆人来表示兴趣了。

我的团队最棒！包括了我的女朋友（或是我太太），还有我最亲近的好同学，他们都是最可信任也是最能干的。

这个 idea 全是我发明的，我当然要拥有所有的股份，未来股票上市以后，我就有机会登上"华人首富"的杂志封面。

……等等。

这些迷思，在我过去 40 年收到过的计划书以及聆听过的简介里头，屡见不鲜，而且不断在不同世代里重复着。

所以有心理学家曾经精确地说：我们人类，就是会不断地重复同样的错误。

因为开始的思维与态度错误了，后面怎么会对？

创业前自我否定的迷思挣扎。

创业后无知肯定的迷思幻觉。

这些迷思，基本上都源于创业家本人的内心思维与对凡事的态度。

这些迷思与态度不一定全错，但内心思维与处事态度一旦偏差，不管是自我否定的悲观，或是一厢情愿的乐观，都会成为未来成功的重大障碍。就像一位马拉松选手，如果一开始就看错地图或跑错方向，再怎么努力都是徒劳无功，到后来确实有可能白忙一场。

《创业家想法和你不一样》这本书，就是希望从你创业思维的源头开始做个整理，在你起跑前就搞清楚自己怎么个跑法。协助你改变态度，调整思维，找到你所有的偏差，帮你做个彻头彻尾的洗涤与调理。

1.3 大部分创业家都面临同样的问题

过去 20 年我在全世界的演讲超过五百场,前后加起来也有十多万个听众,这还不包括电台或电视的访谈。大致上,每场公开演讲结束后,都会有问答(Q & A)时间。

无论在什么地点、何种场合,有心创业的朋友们都充满疑虑或忧心,所以他们要问各种问题。很有意思的是,这些即将面临创业抉择的朋友,或是已经开始创业的创业家,他们每位在提问时,都觉得这些问题是他必须独自面对的巨大挑战。

可是对我来说,所有创业家面临的问题,不管他们用怎样不同的方法或语句询问,其实基本内容都十分类似。若将我在 20 年内听过的所有问题综合起来,大概不超出以下这些范围。

创业家普遍面临的问题

从最高处聆听创业家的问题,大概属于这 15 个大项:

人的问题

钱的问题

市场的问题

竞争者的问题

公司结构的问题

产品或技术的问题

保护产权的问题

营销的问题

合作伙伴与业界联盟的问题

客户与使用者满意度的问题

经营管理或领导能力的问题

股票或掌控权的问题

方向的问题（短期或长期方向问题都有）

诚信文化的问题

当然还有"所有该做的都做了，最终是否能成功"的问题大哉问

如果还有其他尚未被归类到以上问题的困扰，大概也只是这些问题的延伸或混合。

现在我们再进一步分析以上这些创业家面临的问题，它们又毫无意外地都属于几种思维与态度问题：

因为要面临以往从未面临过的问题，所以头痛不已：

废话！没碰过的，当然都是新问题！

因为要进入以往从未接触过的境界与层次，所以怕怕的：

以前没当过创办人或老板，一切都是前所未有的，没做过的，当然都是新经历。

因为被迫从舒适空间（已知的）进入未知空间：

上班时，每个月到了某一天，就等着领薪水。现在居然还要为给别人发薪水而发愁？不知有多大压力啊！

因为从怡然自得变成必须组织群体，从自我满足变成必须大家满意（小确幸被迫变成大领导），觉得压力庞大：

想要做大，想要成功成名，又想不用担负责任？天底下有这么便宜的事情吗？

因为从一个人在自我空间潇洒，变成必须顾虑周遭所有人的情绪，扛起所有人温饱成就，好像有点自找麻烦：

"天将降大任于斯人也，必先苦其心志，劳其筋骨，饿其体肤，空乏其身，行拂乱其所为，所以动心忍性，增益其所不能。"孟子都这么说了，你还要怎样？

当我们将这些看似复杂的问题简化之后，果然又回到了最原始的思维与态度问题。

一切由心生，一切由心死。思维与态度对了，这些问题都可以迎刃而解。思维错了，这些问题样样都变成千斤重担，沉重得让你透不过气！

可是，当每位创业家都面临同样问题的时候，当大多数人裹足不前或临阵逃脱的时候，每每就有一些创业家会脱缰而出，会一鹤冲天！

为什么？

这些取得突破的成功创业家跟其他人有什么不同？

这些终于赚到大钱的成功者与一般人有何差异？

中国古语说，凡事要成，就得有"天时地利人和"。

偏偏在同一时间、同一地点、同样背景的人群中，在同样的"天不时地不利人不和"的状况里，每年还是有人成功赚大钱，同时间内则有另外一堆怨天尤人的创业家变成物竞天择下的炮灰！

当一堆人在抱怨经济不景气的时候，当另一堆人在埋怨时机不好运气不佳而互相自我安慰的时刻，却有人会默默地成就大业，股票上市，继续快乐地赚钱成长，从那些怨声载道的人身旁呼啸而过，超前而去！

这些还在抱怨"时机不对，经济不佳，运气不好，资金不足"的人，每次看到成功者从他们身旁擦身而过时，就会品头论足地说人家的不是。哎呀，谁运气真好，谁又娶了有钱老婆，谁更是靠拍马屁而得到红运，谁完全是巧取豪夺的枭雄……

然后，他们回到家里，看看镜子里头的自己，他们会自问：我的一生跑到哪里去了？我跟他们赚大钱的人有什么不同？凭什么他们可以做得比我好？

问完以后，他们就怀着一颗"怀才不遇"的心情勉强入睡。第二天他们继续重复过去的日子，日复一日，向前缓慢地匍匐前进。

他们的不同在那里？

哈！

因为那些成功创业家想法和你不一样。

因为赚大钱创业家想法和你不一样。

第二部分　多数创业家在开始出发前就想错了！

——阻挠你成功赚大钱的障碍是谁？在哪里？

2.1 钟子平为什么会失恋?

70 年代中期,我大学毕业后入伍预官服役,新兵训练时认识一位后来非常要好的朋友,名叫钟子平。

钟子平个儿不高,小小身材却戴着副大框眼镜,记忆中数十年前的他特别可爱。他喜欢读书,讲起话来也满腹诗书,但是做人交朋友一点也不老学究,跟我一样喜好讲笑话开玩笑。

我自己从小就喜欢嬉笑怒骂,打趣胡闹,特别欣赏钟子平这种讨人喜欢的有趣朋友。所以新兵训练那年,我们一整军连有百来个大学毕业生预官,我俩却很快结为好友。那一年,大概就是 1975 年吧?当时民风还算保守,年轻人谈恋爱还乖乖地循序渐进,不敢像今天这样火爆快速。

退伍以后,有一天钟子平从南部到我台北的家住了一晚。因为不久之后我也要出国,所以当晚我们彻夜聊天。他说,明天要与一位辅大女孩子、也是他最喜欢的小学女同学见面,急着问我要怎么办?

我虽然不是什么恋爱大师学生情人,但既然他会拜托我担任追女友军师,想来或许我比当年的他还强一点吧?

我教他,其实只要表现真正的自己,一切顺其自然,反而会很好。如果为了给人家好印象,扭捏做作或勉强吹嘘,骗得了一时骗不了长久,绝对无法真情相处的。这是 40 年前的对话，之后我俩就失联了。

我们俩最近在失联40年后，又因缘际会见了面。

再见面时，我们一起聚餐，晚餐时钟子平告诉我，当时我还教他一定要主动示意。他说，我当年曾不断提醒："市区交通很乱（比现在还危险），所以你邀她去看电影，过马路的时候，就很自然地牵起她的手，保护她过马路。但是，过了马路以后，你的手就不要放了。"

钟子平告诉我40年前他与那位小学女同学出游的事。他说："明明我们两个交往得很好，也聊了许久好开心，但我就是心中忐忑，缺乏信心，很怕被拒绝，所以尴尬了一个晚上。送她回家后，以后也没有再继续了。"但其实，他心中清楚地感觉到那女孩子也很喜欢他的。

钟子平沉醉于美好回忆中说：那整个晚上，女孩子美丽的黑瞳明眸都温馨地看着他，想要表露深邃感情，但又欲语还休的样子。钟子平好几次想要伸出他微微发抖的双手去握住女孩的手，甚至想要拥抱她，但总被自己"万一被拒绝，那不是很糟吗？"的迷思给挡下来了。

或许就因为女孩儿当晚看出了钟子平如此优柔寡断、缺乏信心的个性，从此就没与钟子平继续交往。40年前的那场约会，让钟子平从充满期许与美丽幻想的云端，一下子摔到无底无光的深坑。

为了这次失恋，钟子平痛苦煎熬了许多年。他每天坐在晦暗的角落里反复思考：如果我当初勇敢一点，牵了她的手，或者对她明白表达我的感情，今天的结局是否不一样？如果我没有先入为主地东想西想，而只要顺其自然地对她愉快地说出内心感觉，她是否会给我同样的回应？钟子平自己苦笑着说，就这样，自己反复思索想了好多年，越想越钻牛角尖，还是想不出答案。

很多年以后，钟子平幸运地遇见现在的妻子，两人情投意合，家庭和乐，也是天作之合。不过想起这段往事，他总是回味中带点遗憾。他的遗憾，不是怀念 40 年前旧情人的遗憾，而只是对自己当初没有踏出那一步的遗憾，那是一种永远无解的"唉！早知道，当时我就……"的惘然。

机会过去以后，你不会再知道"如果当初如何如何……早知道，我就……"的答案，因为那已是过眼云烟，没有答案了。

为什么钟子平会这样？

钟子平告诉我，更久以前他高中的时候，喜欢上了另外一位邻家女孩。当时那位梳着两条辫子的可爱邻家女孩，每天早上上学都会从钟子平家门口走过，钟子平就会躲在门后看着她走过去，如此持续了好几个月。

他经常与邻家的一些朋友一起玩，有一天自己忍不住，就告诉附近友人，他非常爱慕这位可爱的邻家女孩子。

高中时期的孩子们，听到这种事情，当然起哄胡闹，并且不断鼓吹钟子平立刻对邻家女孩表白。

于是，钟子平鼓起勇气，用两个晚上写了一封洋洋洒洒的情书，将自己的爱慕之情毫无保留地写出。然后在某一个早上，鼓起最大的勇气，在街头将这封信交给了可爱的女孩。

之后的三天，每天早上钟子平都万般期待地等在街头，盼望能够得到女孩的回讯。

没想到一天一天过去，怎么都没看到留辫子女孩可爱的踪影？

奇怪，这是她每天早上必经之路，怎么没看到她呢？这三天对钟子平来说，就像是炼狱般的痛苦与煎熬。或许大人们会笑他无聊单相思，但对刚进入青春期的他来说，这是如假包换的第一次恋爱。没爱过的人毫无感觉，但任何动过心恋爱过的人，都知道那种如人饮水冷暖自知、刻骨铭心的感觉。

到了第四天，钟子平看到街坊的那些邻居朋友闹哄哄地群聚在路边，居然是在大声戏谑地朗读钟子平呕心沥血的情书！

原来留辫子的可爱女孩将钟子平的情书交给她哥哥，她哥哥很生气地将这封信传给了附近邻居。而女孩儿为了避开钟子平，也每天早上改变路线，绕道而行。

从来不曾遭受如此羞辱的钟子平，简直无地自容。尤其邻家朋友真是一堆狐群狗党，在附近嬉笑嘲笑他还不够，竟然将这件事大肆渲染，绘影绘形地传到学校去。钟子平完全不知道该如何处理这么凄惨的结果！交不到女朋友就算了，还变成街坊与学校的笑柄！他恨不得立刻全家从这个地方搬走，原本快乐无邪的他，心上从此就附着了一层阴影。

一个天真无邪的年轻人，鼓起勇气表达他热情诚恳的心意，得到的却是百般羞辱。这不只是泼冷水，简直是彻底的残害！

不仅只是当时的伤害。这种成长历程中遭遇的经验，不知不觉中会塑造一个人性格中隐藏的弱点或疑点。当事人可能不自知，但一旦遇到什么关键时刻或决策关头，这些弱点就会暴

露出来。

听完这段故事，我就更了解钟子平 40 年前为什么会在已经双双有意的交往过程里继续失败失恋！

因为在他自己心中，还未开口，就已经认为自己不行了！

因为他困处在往日创伤的阴影里，自己先立起了一道无名的坚强的防线，告诉自己"我要保护自己，一定不要再受伤"！

因为怕再失败，怕再没面子，怕再让这个世界戏谑嘲弄他脆弱的一面，他心中早已竖起了一道无法突破的无形墙，告诉自己："还是小心一点吧！还是再等等看吧！这次算了吧，下一次我完全准备好了再来吧！……"

我们每个人是不是都曾经有过类似的遭遇？

我们每个人是不是都曾经因为某些当下的犹豫而错失了天大的机会？

我们每个人是不是因为成长过程中承受过的某些历程，而有过自我怀疑？但无论是长期的自疑或短暂的却步，那些仓皇忐忑的时刻，都只带给我们日后长久无尽的遗憾？

那并非完全的没有信心或失去信心，而只是个人被过去朦胧与扭曲的记忆蒙蔽，掩盖了他天生就具有的原动力与原生热情！

这个现象，应用到我们人生中相当重要的事业或创业与一切人生旅途，有多少人就是因为如此缺乏对自己的认知，而平白失去多少机会，蹉跎浪费了一生？

我们穷极一生追求成功的最大障碍，原来就是我们自己。

无论对或不对，我们经常被自己成长的错误印象和烙印在

心中的疙瘩绊住了，退缩了。

　　如果你还容许让这些昔日的扭曲创伤继续捆绑你，当别人从你耳边呼啸而过迅速超前时，你还在扛着已经没有人记得的沉重十字架步履蹒跚地向前爬行，你怎么可能有所突破？

　　应用在创业家身上，原来，我们创业成功的最大敌人，甚至可以说唯一的敌人，就是我们自己。

2.2 天下最美的女孩为什么要这样？

大学时代，我学会跳舞。

好动的我，喜欢跳舞也喜欢热闹，也喜欢认识女生，所以经常参加舞会，也在自己家里举办过舞会。以前的年轻人，同学之间举办舞会，是提供大家极少数又难得的社交机会，更是十分重要的认识异性朋友的场合。

我没有参加过这年头现代年轻人的"跳舞趴"，不知道今天他们的所谓舞会，形式是什么样子？当年我们的舞会，总是将灯光调得暗暗的，生怕"见光死"，然后男生坐一边，女生坐另外一边。舞会开始前，在优美音乐中，男生都会交头接耳，评头论脚说哪一位女生特别正，哪一位又非常辣，看上哪一个，又要躲开哪一个。相反地，女生们一定会摆出十分矜持、对男生看都不看一眼的模样。但她们又不时会眼睛咕噜咕噜转动，偶尔朝男生这边偷偷瞄一眼，好像不小心看到男生，其实也在瞧有没有迷人男士。

有一次在我家办舞会，来了许多同学朋友，男男女女挤满客厅，大家叽叽喳喳地说个不停，好不热闹。

虽然灯光红红绿绿的十分昏暗，但我毫无疑问第一眼就看到当时我见过的最美丽的女孩子！

没看到就算了，一见到她，我就立刻了解"神魂颠倒"这句话的意义。英文有一个形容词更是传神，叫做"falling head over heels"，直译就是"昏摔到头下脚上"！那个时刻的我，绝对就是那种魂不守舍的模样！

哇！天底下怎么会有这么漂亮、这么可爱的女生！不但漂亮可爱，她的气质还远远超过当时的林青霞或胡茵梦，以及后来的王祖贤，今日林志玲也是完全无法比拟的，简直是仙女下凡！

（在此画蛇添足地说明：我太太才是天下第一美女，也是天下第一好人。这场舞会，远在我认识我太太的十年前。我在全世界到处演讲时，也多次讲到这个故事，我太太很熟悉的。）

因为舞会是我主办的，地点又在我家，所以我有地主地位，近水楼台先得月。舞会开始以前，我就通知所有男同学，郑重警告，今晚这位天下第一美女，一定是我的舞伴，其他人不得轻举妄动。

哈哈！果然第一首歌响起，我一个箭步就冲到这位美女跟前，邀她起舞。

她居然也十分乐意地微笑答应，与我婆娑跳起第一首曲子，我们两个都好高兴。

读者们猜，这位大美女对我说了什么？

她说："林富元，我刚才就偷偷注意到你，非常期盼第一个邀请我的会是你。"

哇哇！我现在不记得了，但想来当时的我，一定飘飘欲仙如醉如痴！

就这样我们一起跳了好几首曲子，也天南地北什么都聊，我对她逐渐有更深的认识。随着舞会进入状态，我越来越欣赏这个女孩。她漂亮、可爱、气质好，又有内涵！同时，非常明显的，她对我似乎也有一定的赏识！

于是我沉迷在自己遐想中的"有缘千里来相会"，所谓缘分，大概就是这样吧！

漂亮美女莞尔笑起的时候，完美嘴唇两边会露出特别可爱的虎牙，让她看起来像日本或香港青春偶像女歌手那么迷人可爱。

大概舞会过半时，她在我耳边说："林富元，你有没有注意到我的虎牙？"

我不假思索地回应："有啊！很好看啊！"

她立刻回答："乱讲，很难看啦！人家这虎牙太长了！"

我说："怎么会？两颗虎牙让你看来像某位青春偶像，特别可爱！"

"哎呀！你不要逗我了，怎么会好看，我好讨厌这两颗虎牙啊！"她认真地对我说。

原本并未特别注意的我，这时候就多看了一眼，也没有在意。

"你看你看，你果然也注意到我这牙齿不好看！唉呀！人家好讨厌这个特征哦！"我没想到，这位美若天仙的女孩儿居然如是说。

这时音乐结束，我们中场休息，大家各自回到座位。我忙着跟其他同学打趣，也没再注意什么状况。

音乐再起，我愉快地再度邀请美女跳舞，旁边的人都好羡慕，我自己也沾沾自喜，颇为得意的。

没想到，接下来的三首曲子，美女一直在我耳边问我对她虎牙的看法？她一再告诉我，她与父母亲讨论了很久，一直在想办法找医生，看是否能去掉那两颗虎牙，因为有时候那两颗虎牙还会比其他牙齿黄。

她再三地说，若非因为这两颗虎牙，她就非常完美了！

不晓得为什么，本来完全没有特别注意的我，在美女重复说明多次以后，忽然间觉得，欸？好像真的？好像她那几颗牙齿有点黄？

也不晓得为什么，她越说，我越开始觉得她那两颗牙齿不对。她越强调，我就开始地动天摇地动摇原先对她完美天仙的观感。

又过了一阵子。真是如此，哎呀！好可惜啊！她那完美的脸蛋就被这两颗虎牙破坏了！她讲的果真没错啊！

就这样子，忽然间我完全丧失对舞会及跳舞的兴趣！

是不是过大的期望就会迅速带来过大的失望？是不是过多的完美印象就特别容易粉碎？后来舞会结束前，我就不再邀请这位女孩跳舞。散会的时候，我也请其他同学帮我送她们回去，自己躲起来不要再看到她。

这段故事，重点不在讲年轻时的我有多愚蠢，或少不更事的我当时只知注重表面。我是想说，为什么如此完美的女孩，会舍弃她99％的美好，而只拼命专注她微不足道的1％小缺陷？更何况那根本不是她的缺陷，而是只有她自己在意自己在拼命强调的缺点？

这是一个放诸四海而皆准的定律：你如果觉得自己不够好，你一定可以说服你周围旁边的人同意，共同认为你不好。

这也是一个可以应用在人生每个阶段的定理：尤其在事业

过程中更是明显。如果你觉得自己不行，你每天在公司或行业里，就会不自觉地随时发散出自己不行的讯息。久而久之，你又成功地说服同仁上司。你又对了，你再度证明你真是不行。

我们是不是经常耗费过多时间在设法修补我们心中自觉的缺点，而忘记去注重加强我们天生的优点？

我们是不是长期被人家说我们哪里不足哪里不够，而荒废我们其实更多的长处？

我们人生中遭遇多少挫折与困难，是否经常归因于别人阻挡了我们或别人害了我们，要不然就归因于自己一些小瑕疵？

我们自己选择不去看重自己的优点优势，而拼命在报章杂志上崇拜毫不相关的英雄，或拼命在四周寻找那些与我们完全无关的成功者去攀爬？ 好像别人都比较完美，而只有自己充满缺点弱点？

应用到创业家身上，原来我们成功创业的最大敌人，还是我们自己。

2.3　认识你创业成功最大的敌人

既然知道阻挡我们创业成功的最大敌人就是我们自己,秉持孙子兵法"知己知彼,百战不殆"的原理,我们是不是首先要想办法好好认识自己?

不但要认识,是否应该还要脱掉你给自己的假面具,去除所有的自我保护与自圆其说,来彻底将自己认清?

"创新创业"这个全世界都在趋之若鹜的新趋势,有一些简单的事实,我们先来毫无粉饰地提出。

第一:创业失败的数量与概率远大于成功的

前面说过,我在硅谷与亚洲担任天使投资家四十年,橡子园创投二十年,收到过成千上万的企划提案。数十年来,听过我演讲的或读过我六本畅销书的,大概超过十万人吧?与我直接对谈过的创业家与合作过的企业家,加起来少说也有上千位。我发现其中少数的成功人士,与更多失败人士之间的差异,大多可以追溯归因到他们最根本的不同想法。

虽说我协助培养过二十几家成功的新创公司,但我常常很清楚地说明,这些公司的成功,大多不是因为我的协助或我的投资。最主要的成功因素还是因为这些新创公司的创业家本身能力、智力、战斗力、判断力足够,加上他们持久恒长的坚持与耐力,而最终达到成功。

全世界每年会冒出上万家新创公司，各行各业，百家争鸣。但是各项数据显示，每年全世界能够股票上市的新公司，了不起也就几十家或上百家。加上能够被并购的，我们宽容一点地说，加起来最多也就一千到两千家吧！

简单的算术告诉你，每年全世界新冒出一万家新创公司，但是每年只有一千家到两千家左右能够称得上是功成身退。也就是说，每年会有八千到九千家公司无论如何会遭受物竞天择的淘汰，必须灭顶关门。

事实上，历史也证明，一直都是如此。

有趣的是，就像我前面说过"创业家的同样问题"，你如果询问那失败的九千家新创公司创业者，他们通常会告诉你，啊！我的失败都好冤枉哦！都是因为时机不对，经济不好，市场不佳，资金不够，或者人员不和，被人欺骗，运气不好，环境多变……

所以这些一再失败的创业家给你一个印象：哎呀，创业好危险，创业失败的概率太高了，创业这档事真不是人玩的！

可是，反过来，同一时间你如果询问另外那一千家成功公司的创业家，他们在同样的时机、经济、市场、世界环境以及类似的资金与人才条件下，却一再成功，一再赚大钱。

他们会告诉你，在那同样的时间与同样的地方，一切都很好，一切对他都有帮助，一切都好快乐。

其实答案就在眼前。

成败，不是光看地方，或看时间，或看情境，或看运气，而是看谁在做，以什么想法在带领，用什么态度在做。

第二：其实创业失败者大多数与创业成功者都一样努力一

样聪明

绝大多数的人会给成功者"加官晋爵",说马云天纵英才,郭台铭雄才大略,李嘉诚眼光独到,或说史蒂夫·乔布斯是神。

华人好喜欢说人家是神,就连我非常亲密的好友,橡子园创投基金合伙人陈五福,当年也被人尊称为创业之神。好像冠上"神"这个尊称,就可以清楚解释为什么这些人比较容易出人头地?什么宅神、女神、歌神、食神、厨神、车神、奶茶神……不晓得有什么行业还没有神的?

要不然,就随便来加一个"教父"称谓。像我们创投业,就有真正首开亚洲华人创投风气的好友徐大麟,他可是真正首屈一指的"创投教父"。有一天看报纸,内线交易官司缠身的普讯创投柯文昌,报纸也写他叫"创投教父"。如此推论,过去多年至少有三家台湾与大陆媒体杂志,在不同时光写过我也是"创投教父",我算哪棵葱?当然绝对担当不起,但好像如此自由心证加官晋爵的习惯,勉强还可以凑合凑合我?哈哈!

可是成功者与失败者之间的差异真的那么大吗?

成功的人就是神,是教父,打个喷嚏媒体也可以说是"代表春天来了"?

失败的人就或许是懒惰?是办事能力不够?是不够专注与投入?是先天不足,后天失调?

如前所述,我与那么多成功及失败的创业家接触了四十年,什么奇奇怪怪的人与事都见过。**我可以很清楚地告诉你,绝大多数不幸最终没有成功的创业家,他们其实和成功者都一样聪明,一样努力,一样拥有能力与条件的。**

那么，差异发生在哪里？

譬如我在硅谷曾经投资过一位杰出的工程师，在校时是公认的天才，但他创业总是屡战屡败。而他大学同班而成绩倒数前几名的一位同学却在三年后就将公司带到股票上市！

他们俩同样背景，同样知识，同样认真，一个越战越勇，另一个却屡战屡败。

为什么？

又譬如我们熟知的社群网络公司 LinkedIn，上市后市值曾飞飙过 300 亿美金。当初 LinkedIn 开创的时候，有另外一家新创公司叫做 Plaxo，两家做的事情与市场几乎完全相同。不少自作聪明的投资专家还选择投资 Plaxo，对外教大家不要投资 LinkedIn，因为他老兄认为 LinkedIn 比较差。过了几年，LinkedIn 享受 300 亿美金的市值，而 Plaxo 早就破产销声匿迹了。

这是最典型的同一时间、同一市场、同一条件、做同样事情的两家公司，也都在初期被资本市场共同看好，却有截然不同的结果！

为什么？

又譬如我自己与橡子园投资过两家半导体公司，都是由四位美国最好大学的博士共同创立的。一家我带动首投的叫做"Avanti"，在创业三年后股票上市，风光了好一阵子。另一家拥有更好的条件，却在成立两年后，创办人之间吵吵闹闹关门了。事实上，失败那一家的四位博士，光看履历表，能力绝对比成功的那家强了许多！

他们都一样聪明，一样努力，结局却南辕北辙。

为什么？

因为那些跟你几乎事事都一样，但却比你成功赚更多钱的人，有扎扎实实和你不一样的想法，也就是有比你更正确、比你更对的想法。

简单地说，这些所谓"运气比较好"的人，他们因为想法正确，令他们培养出比你更对的态度，所以他们变成对的人，可以左右逢源。你再三努力，却变成一个不知道你哪里不对的人，处处左支右绌！

第三，所谓对的人，就是想法对的人，也就是态度对的人

为什么大家开始时条件一样、背景相同，你就做不过别人？而别人总超越你？

为什么别人并不怎么样，却老是商运畅通或官运亨通？

你是否就是那位每次只会说别人总是运气比你好的人？

拜托！拜托吧！

总自圆其说别人成功是因为运气比你好，那是最最懦弱的逃避，也是最最可耻的自我认知。

我四十年来一直强调，创业成功有许多要项，但其中最重要的，就是一张桌子的四只脚：人才、技术、资本与市场这四大要项。

这四大要项，就像打麻将，不见得每个创业团队一开始就都可以完全拥有。

那么，就像打麻将，四不缺很好打。三缺一麻烦一点。二缺二我怀疑是否打得起来？一缺三就连想都不用想了！

这四大要项中，其实如果你拥有正确的合作团队并对市场

有正确的把控，大概成功的几率就非常高。

而如果你"本人与团队"是正确的，那我敢说，其他条件再烂，你都可以放手一搏！

古语说："水可载舟，亦可覆舟"。

对创业家则应说"人可成事，亦可败事"。

创业成功赚大钱，一切从对的人开始，一切从对而能够一起共事的人开始。

我与我投资界的同侪，呕心沥血，一直在寻找对的人来让我们投资，来与我们一起创新创业！

那么，谁是对的人？

要拥有什么条件，才算得上是对的人？

突破这个难题，得从最起始的重大关键处问起：你这一生，对千变万化的任何人与任何事，好的坏的，喜欢的讨厌的，都怎么去想？怎么去反应？

想法对了，你就是对的人。

想法错了，你当然就是错的人。

我这本《创业家想法和你不一样》就是要破解这个难题，引导你从今天起，正面地调整想法，改变态度，做一个和成功者想法一样的人！

只要你训练自己改变想法，与成功的人想法一样，你也会是一帆风顺的成功者，不用再浪费任何一秒钟去羡慕或嫉妒其他人。

这绝对是真的！

不要因为听起来很简单，就以为没有价值。天底下最有意

义的事情或最有价值的东西，通常都不需要拐弯抹角，而是最直接也最单纯的！

改变想法，和成功者想的一样，你就 OK 啦！

想知道"对的人"长什么样子？与大家分享以下这个好例子。

2.4 对的想法带来创新创业真精神

华人高尔夫选手曾雅妮（Yani Tseng）曾经是所向无敌的世界女子高尔夫第一名。

后来几年，她每况愈下，常常还被淘汰。她本人虽然一直努力突破，但是不知为什么，始终还停留在困境，而且已经很多年了。幸好华人还有大陆冯珊珊与台湾龚怡萍这些选手在拼斗，不然就交白卷了。

最近有许多高尔夫球分析师说出症结：曾雅妮的高超球技还在，而且还是非常强劲犀利。但她的问题，完全出在她两只耳朵之间。

这位分析师，也是高尔夫心理师说：曾雅妮想太多，而且想得偏负面。

这在她的推杆（Putting）上表现特别明显。当高尔夫球手脑子里想清明了，毫无悬念，推杆就轻松推进。

当高尔夫球手脑子里一直反复思索，万一这一杆推不进怎么办，当然就推不进了！

内心思维，当然直接影响到表现。

内心态度，当然直接误导了外头的行动。

就像预设自己不行的钟子平，平白失去了向喜爱他的女孩表白的机会。

就像只在意自己小瑕疵的天仙美女，平白糟蹋了自己其他的美好长处。

现在来看18岁的新西兰女孩高宝璟（Lydia Ko），活生生的正面实例。

有一次我从北京经台湾回到硅谷，好晚才回到硅谷的家。第二天清晨，睡眼惺忪地赶到旧金山球场观赏职业高尔夫LPGA在旧金山附近的"裙摆摇摇"比赛。

我非常欣赏高宝璟这个高球小天后。这两年，经常看到才十六七岁的她，在球场上面临最强的资深对手，却能谈笑风生凭自己实力在艰苦的状况中一胜再胜，我就想到创新创业这件事。

创业家有点像是在球场上比赛的高尔夫选手。

高尔夫比赛与别的运动不一样，上了场，你只能一切靠自己。"裙摆摇摇"的这场比赛，到了最后一个第18洞，高宝璟毫无选择，她必须打进最后一洞的最后一推杆，才能得到复赛的机会。当年轻的她走上果岭，全场数千观众全都聚精会神地盯着她看。两天前刚迈入18岁的她，就在大家屏住呼吸万众期待之中，冷静沉着地将一个处在斜坡上非常弯曲的球推入了！

创业成功的硬道理就这么简单，最重要的一球，就得由你推入达阵：**因为没有其他人会为你推进这颗球。**

没有正式创业之前，年轻的创业家一天到晚与朋友同伙谈梦想，与天使投资人谈理想，计划书写写改改，每天既兴奋又担忧。但是一旦启动之后，创业家发现本来以为一定会有的资源助力怎么都不见了？忽然间每天遇见的怎么都是问题？人的问题，钱的问题，别人的问题，自己的问题。而且，更有趣的是，创业同仁们能解决的问题，他们早就自己解决了。最后会丢到你身上的问题，都是同仁们无法解决的烂问题！

这时候，年轻的创业家体会到商场的冷酷与市场的绝情！原来他每天都要碰到这样那样的糟糕情况。他更进一步发现，作为一个领导者，再怎么艰难地挑战，当他心理颤抖嘀咕七上八下的时候，却没有别人来替你承担。**你就像在球场上大家盯着的那位孤零零战将，面临非进不可的一杆，你就得非进不可**（万众欢腾雀跃地庆祝进球的背后，有多少高宝璟从小凤夜匪懈风雨无阻辛勤练习的血泪）。这是创业家每天需要果断表现、必须战胜克服的事实。

高宝璟刚刚过完18岁生日，却已经是世界女子高尔夫球手第一。我不知道她的巅峰状况能够维持多久，但我感觉，无论她未来的成绩如何，有几样东西是不会丢失的：

一、这位小女球手在场上独立自主的镇定与沉着，连媒体都称赞她"远超过她的年龄"。这是一种隐藏在谦虚客气里头的自信！

二、她得到职业冠军十场，其中六场是从落后多杆在最后一天赶上的。这也告诉我们，开始的时候偶有挫折没关系，以坚定的精神取得最终胜利，才是勇者！

如果高宝璟也像我朋友钟子平那般自疑，最后一杆还没推出，就已经手抖脚软，那万众屏息紧张期待的最后一杆，她怎么可能推得进？

如果高宝璟满脑子想的只像那位天仙美女老记得自己某一个弱点缺点，万一这个缺点弱点暴露出来怎么办？她怎么可能一再击败众多老将而勇夺冠军？

跟年纪小小而韧性坚强的高宝璟一样，创业家的你们，需开始练习面对你的责任与接受你的问题！

像高宝璟一样，你的想法就是要这样改变：每天将必须非推进洞不可的球推进洞！日积月累，你就是大家敬佩的成功企业家了！

林富元与高宝璟

看看照片里头赢得多项冠军的选手高宝璟，她和其他长期与冠军绝缘的选手相比，并没有多一只手，或多一个脑袋，也没有长翅膀，更没有吃过什么仙丹灵药。

才 18 岁的她，在小地方新西兰成长的她都可以脱颖而出，成为世界冠军。

你当然也可以。

如果你从今天开始，合理地训练自己"一定会成功"的正面思维，抛弃顾影自怜的可悲态度，撇开怀才不遇的秀才心态，谁敢说你做不成？谁有资格说你不能赚大钱？

立刻开始吧！

赚大钱创业家想法和你不一样！

第三部分　改变态度，让你也成为赚大钱的成功创业家的九个决胜态度

3.1 决胜态度一 行动与信心

赚大钱创业家想要如何赶快付诸行动
其他创业家则沉迷在幻想自己点子多美多棒多神

成功创业家首先要想的就是如何赶快开始行动

有一次我演讲完毕后接受提问或讨论,有一位听众站起来说,他很聪明,点子特别多,像脸书(Face book)那个点子他老早就想到了,只是他时运不济,没有机会实现,不然现在他也是大名人。

类似的问题我听过很多次,每次听完就会生气。

于是我与听众们分享我一个朋友的真实故事。

这个朋友很优秀,也一直十分上进,在十年前就很受上级赏识。

十年前他来找我,说起公司的晋升很激烈,他该不该part-time去读一个MBA或EMBA?

我说,当然!你这么优秀,加上MBA或EMBA,迟早就会晋升到公司副总或总裁。

当时他想了想说,准备结婚,过几年再说吧。

过了三年,他又回来找我,问我现在公司预备提拔他,而新职位得管理其他不同领域的部门,是否该去修个 MBA 或 EMBA?

我再次回答,一定的!毫无疑问,商学管理学可以开阔你的视野,增广你的知识。我认真地鼓励他。

当时朋友又想了想说,快要有孩子了,过几年再说吧。

你猜如何?

又过了四年,朋友果然又回来找我,说现在有一个新公司邀请他担任高职,但是需要一些更高端的本事,问我他是否真的该去读个 MBA 或 EMBA 了?

我对着他笑说,老兄啊,我觉得你不可能回去读学位的!因为,你大孩子快要上幼儿园,你又即将有第二个孩子,这些都是你习惯使用的理由,你怎么可能会回去修 MBA 或 EMBA?

这个千真万确的真实例子,同时反映了多少人的一生?

披头士合唱团(Beatles)的主唱之一约翰·列农(John Lennon)曾经说过一句经典的话:"What is life? Life is something that passed you by while you were busy making plans."直接翻译是:"人生是什么?不就是那当你在忙着做各种计划的时候,匆匆从你身边悄悄逝去的东西?"

对很多人来说,还真是如此呢!

多少人的一生就在这"想要这样想要那样"中度过的。他们聪明,他们优秀,他们有抱负,他们有条件。但是他们想了一辈子,一直想到有一天早上醒来照镜子的时候,发现怎么两鬓斑白,年华老去?我这一生怎么过去的?

所以成功创业家想法和你不一样,因为他们的想,是与

"做"连在一起的,是与"行动"连在一起的,他们不会让自己的一生悄然逝去。

【成功创业心灵银行　决胜态度 1.1：

有点子没本事,叫做幻想。

有点子没行动,叫做空想。

有点子每天想来想去说来说去,叫做痴人梦想。

有点子,有本事,付诸行动,才叫做追寻理想。

成功创业家想法和你不一样,他们想的是要如何立刻开始行动!】

成功创业家想的是该如何快快开始,迫不及待地想要验证自己的点子,一刻钟都不希望浪费!

而其他一样聪明的创业家,则习惯于在脑海里把自己伟大的点子主意想来想去,越想越得意开心,越想越自以为是,长期做起他的清秋大梦。

想创业,踏出去。尝试创业,不能保证你成功。但是无论你成不成功,至少你不会让自己年轻时空想象,老来空遗憾。

想创业,没有实际尝试,永远停留在想象,就像一个站在墙外偷听墙内的人热闹地玩游戏。或许你猜得出他们在玩什么,你也可以说得有模有样,但你永远无法直接感受到那股发自内心形之于外的热浪!

那种感觉,英文叫做 Rush,其实就是一种热情在一段时间内将你完全占据。创业干活儿干到浑然忘我,那真是一个很棒的感觉!

你有到达过那种追逐理想而浑然忘我的境界吗?那种努力

创业的 High，岂是一般什么摇头丸可以相比的？

【成功创业心灵银行　决胜态度 1.2：

创业可能是你一生中最 High 的一件事

有雄心想要成为乔布斯或马云一样成功的朋友，你想的够久了吗？

今天开始，请你决心将概念付诸行动！请记住，别让其他创业失败者将你吓坏，创业并不那么可怕！

相反的，创业可能是你一生中最 High 的一件事！

成功创业家想法和你不一样，他们想的是我这个点子太好玩太棒了！这个过程或许辛苦，但我已迫不及待地要开始！】

成功创业家想法和你不一样。

这句话有好多个字，但是第一堂课的重点，就从"想"这个字开始。

因为成功创业家的"想"，是与"做"连在一起的。

过去二十年，我遇见过众多殷切热情一心想要创业的年轻人（所谓年轻，与年纪无关。只要充满创业雄心，就是年轻）。这些成千上万的好青年，都有几个共同点：

首先，他们脑子里都有某些点子（产品、技术、服务、平台、开店……）。

然后，他们都以为自己的点子是天下无双，任何其他人都想不到。

之后，他们就问我，林老师，你对我这点子看法如何？可不可以投资？

我面对这样的问题数十年，用过各种方式诚恳地回答，但是创业家们总不满意。

因为他们想听到我说："哎呀！好棒啊！你真是天纵英才，你的点子真是拍案惊奇，我立刻来与你签约投资好吗？"

我从事天使投资四十年，创投基金三十年，审阅过数千项提案，实际投资案百来项。像这种听完简报后立刻惊为天人，随即迅速投资的情形有过两次，但最后结果都是错的，我损失惨重。

所以，现在我就可以告诉创业家们，当你兴冲冲地为投资人简报叙述你的点子后兴高采烈之余，请不用期待对方会马上对你佩服得五体投地，打开支票簿，立刻写支票给你（除非是你自己的父母亲）。

因为真正好的事情，不会，也不应该那样发生。

你若真有本事，就得有一套方法与步骤来让全世界知道你多有本事！这套方法与步骤，可能无法一蹴而就。

但是若看完这本书，你就开始坚忍不拔地身体力行，那么投资家打开支票簿帮你的机会就大大增加了！

【成功创业心灵银行　决胜态度1.3：
不要老将自己的一生荣辱捆绑在他人的评价里头

永远记住，当别人告诉你，说你的点子或创作不可能成功。他是在说，以"他"的能力和努力，"他"做不成。这与"你"无关。

如果你是一个特别需要经过别人认可才找得到勇气的人，请你今天开始认知：你的成败，跟别人一点关系都没有。

别人可以将你批评得体无完肤、一无是处,但那仅是"他"的看法,不是"你"自己的看法。

如果你将别人的看法与自己的认知画上等号,等于是将自己的生命主导权交给别人。想想看,这些讲评你的人,除了你父母之外,谁会真的在乎你是否成就大业赚大钱?】

这里说的,不是笨到要你都不用听取他人意见。

不听取意见,叫做闭门造车。

听不进去意见,叫做刚愎自用。

听了意见后还一意孤行,只想证明给他人看,叫做匹夫之勇。

这样的创业家满街都是。

我不认为这样的创业家一定失败。因为至少他们有自己的主见,在为自己的未来铺路,在为自己的前途、钱途扛起责任。

反过来说,我多次遇见一天到晚拿着自己的点子去跟他人说来说去,而始终无法鼓起勇气踏出去做的人。如果问他们为什么?他们竟然理所当然地说:"我朋友都说这个点子不好","我爸爸认为这个计划不会成功","投资人把我的想法臭骂了一顿","所以我放弃了"。

这个结论其实似是而非。

有许多创业的起始历程就是这样子无疾而终的:

一开始创业家兴冲冲地想到好主意,然后日夜不息地钻研出一套想法与计划,认为这正是自己一生最重要的突破契机。

然后创业家与投资人或朋友谈起自己的主意，一直强调这是一生事业最重要的一步，绝对要干到底。

就在他精神抖擞地与一些人谈过想法之后，因为没有得到好评价，原先像一个吹得鼓鼓的气球，被一根针轻易地扎破，一戳就破，于是他一下子就无神地泄气了。原先强调的"这是我一生最重要的一步"也像破气球那样一下子飞逝到九霄云外了。

他人的意见或有些真知灼见，偶尔也可以提供你没看到的价值。但是不要忘记，他人的意见，终究还是他人的意见，你可以吸收他的精华，可不必照单全收。

自己盲从听信他人意见后的苦果：IS 公司飞掉的一桶金

譬如我自己就常给他人意见，那是我的工作与我的核心能力。

我曾经创立与投资过许多成功的公司，数十年来累积的投资报酬率挺不错的。所以不少人会认为我有些独到的眼光，或许也有专业投资人的锐利分析能力。

但那绝不代表我的看法想法一定对。

我也曾经批评过一些企业计划与团队，结论是我对他们没信心，所以没有投资他们。

结果过了几年，他们非常成功，有些还得到数十倍的投资报酬率。你若说是我愚笨地判断错误，把自己弄得灰头土脸，一点也不为过。

你甚至也可以说，幸好那些团队没有因为我的批评而放弃。

这是一个千真万确的实例：

大约二十年前，我看好了一家半导体设计公司 IS 公司。当时我正好有一小笔资金大约二十万，已经准备妥当要投入了。

我有一位好朋友 CY，是我非常敬重的智者好友。当时 CY 也跟我同时在考虑是否投入这家公司。在所有基本因素的研讨上，我们两个都觉得这几乎是项不会出错，甚至可说是包赢的投资，所以我一切就绪。

过了几天的一个晚上，CY 打电话给我。

CY 神秘兮兮地说，唉！IS 公司你去投资就好了，我决定退出不投了。

对这突如其来的变化，我有点吓一跳，就问 CY 为什么？

CY 说，我昨晚特别在七点钟开车到 IS 公司的停车场去看看。哇！居然一部车也没有。

CY 接着说，咱们硅谷一般的新创公司，通常晚上七点以后才是车水马龙最热闹的时段，哪一家新创公司敢不干到夜黑风高的半夜？如果 IS 公司刚开始就准时上下班，那这样的公司我就不愿意投资了。

我想了想，很快就告诉 CY，既然如此，你不投，我也不投了。

就这样，我们隔天很快地通知 IS 公司，我们决定退出投资。说老实话，当时我千真万确地觉得这家公司很好，不投资是否坐失良机？但是我听信了我尊敬的 CY，也就跟着下了这个结论。这种三心二意好像对又不对的挫折感，我还挺熟悉的，不是好事。

不到半年，IS 公司的产品出笼了，在业界广为接受。

过了三年，他们顺利地股票上市。更巧的是，IS公司制作的特殊内存半导体产品，在上市那一年全世界极度缺货。于是在供不应求的市场失调情况下，他们的股价水涨船高，从美金5块钱一股的开价一路狂飙到60元。

原先初创我预备投资时，他们开出的价钱，一股不到1块钱。

也就是说，这项投资仅仅需要三年，就可以达成超过60倍的投资回报率，却在自己的犹豫不决下平白断送。换句话说，当时我准备好的20万美金，三年后就能拿回1200万。

不要小看这个故事。

多少人穷尽一生，就算上山下海去找，找破头也不见得找得到如此的天赐良机。三年60倍光明正大真金白银的投资回报，你要去哪里找？光是在旁边听听，恐怕就会一边流口水，一边替我惋惜了吧？

尤其当时我本非常看好，我的投资又特别受到团队重视，却一转眼弃若敝履般地将它丢掉。一大桶金子飞掉，怎么解释都无法自圆其说，只好摸摸鼻子，继续向前。

对于错失IS公司如此投资良机这件事，我早已度过一把鼻涕一把泪悔不当初的时段，更没有怪罪我的好友。因为这个决定不是起因于我朋友给的不当意见，错误出在我自己原先的决心太过脆弱，不堪一击。

更有意思的，事隔多年，我与IS公司的两位创办人变成更好的朋友。有一次我们聊起当时为什么我临时改变投资的决定。我就告诉他们CY看到停车场没有车子这件事。

两位创办人其实对我们抽出资金的这件事记忆犹新，因为当时我们临时抽腿，也害他们乱了阵脚。

哈哈！他们很精确地告诉我，停车场空旷的那个晚上，是因为公司有位同仁的婚礼晚宴，所以全体都去了餐厅祝贺。平时他们所有创业同仁，没有人会在晚上九点以前离开公司的。

好友讲的是某一个晚上他调查得到的事实，他因此断定，这个创业团队不够认真。我听信了他这个段落的事实，CY以偏概全我就以为是全部。

正确的做法，不应该只听了CY这一面之辞。

我应该做的，是另外选两三个不同的晚上去看看创业团队是怎么个工作法？认不认真？给予足够的信息，实情才会展现。

失之桑榆，收之东隅，我糊里糊涂损失了IS公司这么回报丰厚的投资，在别的地方其他案子上也都补回来了，所以我为他们的成功高兴，也为自己学到教训或有长进而庆幸。

这个省悟，立刻可以推展到创业家如何处理任何不同意见与背道而驰的建议。

如果你的创业点子被人家批评攻击，不要因此而轻易放弃。

你该做的，就是将人家攻击你计划的重点整理出来。不管有五个弱点或十个缺点都没关系，一项一项拆开来研究。究竟是人家对？还是你对？究竟人家的批评是他认为他做不到，还是你自己确实做不到？

如此勇敢地面对，兵来将挡，水来土掩，一定会水落石出。

奋斗之后，如果你对人家的质疑完全招架不住，说不定你真的不能再推动这个案子。

反过来,如果你经历了千锤百炼而能越战越勇,那么我一定要恭喜你,你确实创建了一个好项目!

他人的意见与看法,可以用来检视自己的借镜或广纳百川地学习。但请记住,那只是他们给你的参考,而非你的全盘决定。

如果你事先能够拥有对他人意见的合理期待心,保持广纳百川的平常心,或许你可以比较平静地接受批评。对他人的看法,褒不足喜,贬不需悲。总归心中要有自己的衡量,自有计较,就不会风吹草动,随波逐流,脆弱到毫无主见。

3.2 决胜态度二 团队与领导

赚大钱创业家想要如何吸引更多力量来共襄盛举

其他创业家则以为一切最好都是咱的,凡事最好都听咱的

创业家到我办公室来作简报谈投资,都会有几个他们最喜欢咨询的题目。其中一个题目,几乎每位创业家都要咨询的,就是**"如果成立这家公司,股份要怎么分配才恰当"**?

这个问题,我们可以将它拆分为三个部分来探究含义。这个大问题代表了三种心态:

1. 既然我是原始创办人,这个主意与计划是我呕心沥血想出来的,我嘴巴不一定说,但心里希望能够将自己的权益最大化?

2. 我的 Idea,我的公司,就算找了其他合伙人来共同创办,是不是应该也由我来说了算?我是创办人,当然领导头头非我莫属?

3. 开创事业一定需要资金。需求资金,在初创一无所有的时刻,不得已只能出售股票来交换资金。那么,想办法将公司作价提高,将投资人的股份最小化,也就是收最多的钱,但释放最少的股份,是否可以保护主权,不至于一下子被投资人

鹊巢鸠占？

就算天纵英明，聪明过人，一个人能成事吗？

针对这个熟悉的咨询，我经常以一个负面案例作为回答。

这是桩发生在2000年代达康（Dot.Com）泡沫之前的真实故事。

1999年过渡到2000年，是达康刚开始盛行的时候。当年每个人都抢着在网上开店，每位工程师都忙着进入网上创新，争先恐后，生怕失去机会。

当时股票市场更是无厘头地疯狂上涨，只要听到是网上新公司，管他三七二十一，都会天天涨停板。涨到耶鲁大学（Yale University）的罗伯施乐教授（Prof. Robert Shiller）出来讲了一句震惊华尔街的传世名言。他说："现在达康带动的股市疯狂现象，其实是一种非理性的繁荣（irrational exuberance），迟早一定会泡沫化。"

果不其然，在施乐教授说完这句话不久，所有的达康上市股票一起同步崩盘，带动了2000年以来的第一次经济萧条。

1999年底，有一位创业家S君来到橡子园基金，谈起他的互联网网络技术。我与合伙人听完之后，都非常喜欢这项技术与计划，同时觉得这位创业家十分聪明能干。

S君是位能言善辩、机灵聪慧的创业家。我们与他前后互相切磋了一个月，讨论得非常深入，对他也产生了很大的好感。

接着我们进入投资细节讨论，讨论作价与创业家心目中的股权分配。随着时间进入了2000年，我们的谈判在这个阶段陷入胶着，或说是触礁了。

造成投资案触礁的两块大障碍，一块是投入新公司的作价无法契合，另一块则是股权分配的概念南辕北辙。

作价（Valuation）

作价（Valuation）经常造成投资案的破裂或搁浅，但其实它只是一道人为的障碍，是一种恋爱时谁先说出"我爱你"的虚假题目。

什么是正确的作价？

正确的作价只有一个：

给钱的愿意给，收钱的愿意收，那么就对了。

双方满意，双方接受，各自觉得都赢了，正确的作价就达到了。

其他什么银行或会计师提供复杂作价精算，对一家什么都还未开始的新创公司，恐怕都带有一点自圆其说或各说各话的性质。

S君表示他也十分敬佩我们橡子园基金，非常欢迎我们投资合作。但是我们双方的作价差距太大。S君要求美金2500万（$25 million）。我们合伙人自己内部评估，认为他们才只有几页的Power Point计划简介，其他什么都尚未启动，海市蜃楼，我们只愿给他美金600万（US$6 million）的作价。也就是说，S君的点子，在什么都还没有得到证明的时候，他画的大饼已经值美金600万。

作价差距大，只要双方郎有情女有意，就一切可以迎刃而解。

反正只要愿意继续磨下去，总会在差距之间找到平衡。

反之，如果双方的认知只有脆弱的基础，那么，"作价"这个虚假的题目就会变成破裂的借口。

S君在听到我们提出与他差距甚远的作价后说，市场上的投资基金都在争抢好案子（此时正是2000年达康泡沫破灭之前的几个月，人心充满"非理性的繁荣"之时）。你们橡子园不投资，自有别人排队在等着投入。

是否谈判就此破裂，我们不得而知，因为作价并非我们最后不敢投入的原因。

我们橡子园最终忍痛割爱，不是因为作价要求的差异，而是因为股权分配认知的严重歧异。

股权分配　(Share Distribution)

S君的创业计划是一桩大案，从小到大需要长远时间，也需要很多资金，更需要很多能干的不同领域团队成员。

有一天，双方谈得差不多了，我们橡子园合伙人与S君的团队共进晚餐。

在那顿晚饭之前，所有的会面与讨论都只有S君代表公司谈判。我们要求S君安排他的共同创办人一起见面，所以这顿晚饭是他第一次让另外四位团队成员来与我们合伙人见面。

这顿晚饭吃了三个小时。

S君自己讲了大概2小时40分钟。

每当其他共同创办人有话想说的时候，S君都立刻示意、迅速制止其他团队成员发言。他一直强调，由他来讲比较连贯、比较清楚。

我们基金合伙人都是沙场老将，看到S君垄断团队，虽然惊讶得瞠目结舌，可大家还是不动声色地看 S 君继续玩下去。

我们很快一眼看穿这个团队里头存在的问题，远大于饭局独占发言的微小迹象。

因为我们这群投资人有一个共同信念：**创业家个人的自我，永远不应该超越团队整体的价值。**

硅谷出过像史蒂夫·乔布斯（Steve Jobs）这样以强烈个人主义领导苹果公司成为世界第一，似乎在错误地在教育一般人，只要你有才能，你就可以凌驾于所有其他团队成员之上？甚至你个人的好恶，都可以凌驾于公司整体之上？

不过我本人以及我们的投资团队并不相信这种扭曲的历史。我们认为，一个人在前面发光，而团队在后面暗淡，对团队整体弊多于利。

当晚冗长的晚宴，第一次给了我们机会看到 S 君个人自我无限扩大的面貌。简单地说，他给我们的印象前后不一致，甚至可以说前恭后倨，与我们理想的投资对象原则是不相符的。

接下来，隔天 S 君提供了他团队股权的配置说明。

这就完全摧毁了我们之前对他建立的好感与信心。

S 君提出的团队股份分配：他个人 99%。其他四位创始团队成员 1%。

虽然 S 君说明，这个安排仅是暂时的，等到资金确定以后，看团队成员表现，他会将团队的股份重新分配。

我们这些投资老专家，怎会看不出这种扭曲的权利扩张？怎会看不出背后隐藏的不合理贪婪？就算他解说日后会重新分配，我们认为他这种凭小聪明操纵身边合作伙伴的作为，不合乎商业道德（Business Ethics）。

你一个人再厉害，也不可能包揽世界上最伟大的功德。

你一个人再聪明，也无法长期只手遮天。

既然如此，你怎么可以认为就因为是你想出原始点子，就可以为所欲为取所欲取？不顾其他伙伴的共同利益？

连自己身边的伙伴都可以玩弄手段，缺乏诚信，将来伙伴对你不满时，你要如何处理？前头失信在先，后头如何可信地亡羊补牢？

【成功创业心灵银行　决胜态度 2.1：

赚大钱创业家想的是要如何尽快吸引更多力量来共襄盛举，让大家一起成就大业共享荣耀。

记住一个关键态度：普天下真正有价值的事业，通常不可能经由某一两个人就可以做到。

当你认为你最重要而别人不重要的时候，就是犯错的开始。

所以，要尊重团队。

有合作互补的团队，才有长远成功。】

再进一步强调"尊重团队"这个重要态度。

我曾经在国家金书奖著作《创造价值，脱颖而出》中列出创业成功的 18 要项与步骤。但我每次都劝告创业家，如果你无法将这 18 项每一项都做到，至少你要做到最重要的两项：

真正深入了解市场

建立团结的互补团队

创建伟大企业就像盖一栋百层大楼

读者可以将创立一家伟大企业这件事想象为盖一栋100层楼的大厦。

每次演讲,说到《建立精诚合作的团队》这个题目时,我都会问:"盖一栋100层楼的大厦时,最重要的两个基本要素是什么?"

许多听众纷纷举手回答,要有好的设计规划。

要有好的材料。

要有好的装潢。……等等。

这些都是不错的答案,也都有它们的重要性。

可是如果将盖一栋100层大厦从头想起,最重要的两个要素是不是:

第一，是不是先要有一块很好的地？

你不会去买地震地段来盖超高大楼。你一定会事先调查妥当。

有流沙或垃圾掩埋场的新生土地，你也不敢冒险捡便宜去盖这栋大厦。

你更不会去一个治安不好的地段或颓丧不堪的地区买一块你尊贵大楼的建筑用地。

建筑商对开发地块的选择，就等于是创业家选择市场。

市场也会地震。

事实上，波动的市场经常地震。

你兴高采烈选择了一个市场，一场振动就会将你搞得尸骨无存。

市场也会有流沙或土质不良的各种陷阱。让你进得去出不来。

所以，创业成功的首要两大基础之一，就像盖大楼必须确定盖在一块最好的地段与最有前景的区域，首先你就要彻底了解你的市场是个好的、大的、健康的、飞速成长的市场。

第二，有块好地段地块之后，最重要的是什么？是不是要打好地基？

建筑商选对地块地段，就像创业家选对市场，好的开始是成功的一半。

选好土地以后，真正的工作开始。

如果要盖这栋100层楼的大厦，首要重任，是不是先得要有坚固踏实的地基不可？地基越深越稳固，用料越好，之后撑起的大楼就越安全越健康。

建筑商打好地基，就等于是创业家建立好团队。

事实上，有一个精诚团结而又互补的团队，远比任何其他要素都重要。

因为创业家就算有一个天赐的好市场，也需要有一个效率高能量强的团队去快速行动，进入市场。

假如创业家选择的市场遇上障碍，碰上经济衰退，整个经济一团乱的时候，更加凸显合作无间团队的重要。

如果没有一个互补合作的团队，碰上挫折或阻碍，团队成员之间立刻就会开始互相指责怪罪。"都是你说这样……"或"都是他坚持要这样那样……"，是大家耳熟能详的彼此指责。如果团队能够互相体谅，取长补短，共体时艰，不就能留得青山在，不怕没柴烧？

朋友们，如果你有幸拥有一个互相了解配合的团队，那么就算在最艰苦的关头，也可以精诚团结，共渡难关。我把一个真正互补的团队形容为"化腐朽为神奇""转危机为契机"的法宝！

因此，对你的创业伙伴要胸怀感激。

公平对待这些与你一起打拼的战友。

该给的就要好好给。

譬如股票或认股权（stock option）这类的公司神圣资产，正是可以用来奖励酬劳，而让所有团队成员增加认同感的好工具。

你的工作伙伴就是你百层大楼的坚实地基。风来吹不倒，雨来打不透。

反过来说：谁会愿意住在一栋风雨飘摇的大楼？

谁会愿意投资购买危楼公寓？

这就是为什么所有投资基金经理都最注重"人"这个因素。

人组对了，团队对了，就可以共同对抗所有的挑战。

互补合作的团队，活像一群打不死的生物菌，永远找得到方法活下去。

人组错了，团队错了，光是自己内部打仗就打不完了，更不用去想如何对外拓展。

就算是一堆博士组成的个人自大团队，活像一簇中看不中用的花朵：风和日丽的顺境时很漂亮，风吹雨打的逆境时就东倒西歪了！

【成功创业心灵银行　决胜态度2.2：

寻找与组织优秀团队，是赚大钱创业家认为永不停歇的工作，也是他永远必须以身作则永续领导的。

其他创业家以为将团队拼凑拼凑，事情就做完了。

打篮球的球员不保养他的球，让它漏气，

输定了。

沙场上的战士不保养他的枪，让它生锈，

死定了。

创业家不保养他的团队，让它分崩离析，

败定了。】

除了喜欢咨询我股权股票分配事项之外，一般创业家每每也喜欢问我："团队怎么组？好的团员怎么找？"

后来我回答太多次了，有点嫌烦，就反问创业家："你以为一家公司的执行长CEO，最重要的工作是什么？"

这个问题不见得有标准答案，但我认为建立与长期维持一个能够作战的犀利部队，绝对是执行长的首要工作。

不但要建立，还得维持，长期维持。

而且维持与经营团队是不断要做，天天要做的工作。

我非常敬佩那些世界五百强企业集团的领导。

报章杂志上常看到八面威风的执行长，只是光鲜的那一面，报道他们今年又拿了几百万几千万甚至几亿的酬劳。

殊不知，他们要管理维持的团队有多么浩大？他们每天要维持经营的事情有多么繁琐沉重？

我自己管理过不同规模不同格局的团队，尝过个中苦头，不足为外人道也！说句公道话：不要嫉妒高薪执行长！执行长当然值得所有的高薪，因为管理团队是何等重大责任，何等艰难辛苦啊！

想象你自己是鸿海集团的郭台铭，手中要维持数兆的生意，手下要管理百万雄兵，天天全世界到处跑抓紧重要客户，没事还有员工跳楼或工潮抗议闹事。换成你，你的日子怎么过啊？

但是看人家脸不红气不喘地管理偌大事业，鼎镬甘如怡意气风发的样子，才知道人家为什么成功！

这就是为什么大家尊敬大企业家的理由。无论是马云或马化腾，张忠谋或曹兴诚，李嘉诚或扎克伯格，在他们灿烂荣耀的背后，都付出过无数代价、经历过长期挑战。为了给庞大团队人员提供长期福祉，他们不能停。无论你是否赞同这些名人的作风，你不能不承认他们不容易不简单！

为什么他们做得到,而一般人做不到?

为什么赚大钱创业家可以建立与维持充满向心力的团队,不断一起打拼还不断胜利?

为什么其他创业家谈到人与员工的问题,总是不胜唏嘘?他们要么怪罪员工不合作不听话,要么怪团队好难伺候,好难剃头?

一个能够长久合作互补成功的团队,无论是新创或成熟的机构,无论规模多小或多庞大,它们的好坏区分或效率高低都有很多原因。但前边最重要的,不外乎两个先行基础:

第一,主事人领导者的风格与特质。

我以前经常引用比较熟悉的台湾成功企业团队作比较。

郭台铭彪悍果敢,我见过他身边的重要干部,他们也都传承了郭台铭骁勇善战的特质。(自我介绍讲起话来,马上就吼我们是鸿海耶!你怎么可以不先敬畏三分!)

施振荣淳朴敦厚,乡土气味浓厚。我认识特别多宏基团队高管,他们个个都拥有类似的客气谦卑但又精明能干的个性。

神通集团苗丰强则是我特别尊敬的另一位大企业家。他特别有书卷气,所以他身边的勇将侯清雄、蔡丰赐等人果然也都是温文儒雅,书生气息同时又带有企业杀气的。(当然,并非都是如此,我也见过神通集团出来的另有特别会攀龙附凤、招摇撞骗的角色。)

上行下效,物以类聚,这是非常自然的群聚效应!

企业的主持人什么样子,公司就自然吸引到什么样的人才,建立什么样的企业文化。

同样道理,从上到下自然散开,连在公司里头呼吸的空气与所喝的水似乎都有所不同？充满创新气息的谷歌（Google）与脸书（Facebook），非常自然地会持续不断吸引更多活泼而富有创意的年轻人加入。古老传统的企业，当然也就会有适合它风气的人员加入，各自开创各自的团队特质。

以上是正面例子。

领导人的负面影响也多得是。

话说你是某企业创办人，得意扬扬地开创了公司。过一阵子你手痒了，每天下午两点就告诉秘书，外头有会议，然后偷偷溜出去打高尔夫球。

你以为神不知鬼不觉，没有人看到。你以为自己的行为可以瞒天过海。哈！公司所有同仁都眼睁睁地看着。他们不一定说出口，但心里早有定论，员工之间也早已窃窃私语地传开了。

过了几个礼拜，你的副总也开始有样学样，说他在外面要见客户，溜出去看电影或咖啡座与朋友聊天。

不同部门的主任，察言观色几个月以后，结论说，啊！原来他们都这样子玩。那么你可以这样，我当然也可以这样，于是个个都开始编织不同借口设法开溜。

企业文化就是一种心照不宣的集体认同。你怎么做，你旁边的人就认同你跟着做。种什么因，收什么果。

你拼老命，旁边的同仁就会跟你一起拼老命。因为他们觉得这是值得的。

你自己不拼，却要求旁人替你拼，你想公司众人都是傻瓜吗？

你严谨，不乱花钱，旁边的人也会严谨与守住分寸进退。

你不严谨，自己天天应酬花钱，旁边的人当然也会开始找名目消费。不久你会注意到，怎么大家都猛送费用账单给你，要公司归还代偿。

这样鬼混半年后，你这位创业家忽然发现，怎么员工士气低落，都在瞎混苟且？你发现管理效率好像已经变成不可收拾的烂摊子？于是你紧急召开公司员工大会，会中你声嘶力竭决定，要在每个墙壁贴上标语。

哇！这些标语还真精彩呢！

进门一面墙贴着"努力认真"，转弯后就看到"提高效率"，到了后面会议室就是"全体同仁精诚团结"，还有不胜枚举的其他一堆大字报。

更神奇的，走到公司后墙外面，墙正中间贴着大大一张"此处禁止倒垃圾"。

这张"此处禁止倒垃圾"的标语之下，大剌剌地堆满了垃圾，还有蚊蝇在其间嗡嗡地飞来飞去，臭气冲天。

这堆垃圾与墙上标语，就是这家公司的写照。

纪律松散，效率不彰，老板要怪谁？

老板可以再对员工大骂特骂，或是再加三令五申，再贴标语。但如果他自己不警觉，不先修正自己的行为，每天继续在不知不觉中散发鬼混偷懒的讯息。员工不集体效法才怪！

领导者代表公司的精神。

你怎么做，大家就会跟着怎么做。所有创业家们，不能不戒慎恐惧啊！

第二，创业家建立与授权一个同步而紧密的经营团队

创业家老板再怎么认真，再如何面面俱到，每天还是只有

24小时。尤其公司开始快速成长之后,你每天像救火队般地从早到晚四处灭火解决问题,老板一个人就不够用了。

郭台铭再厉害,无法管到一百万个员工的细节。所以他得用人,请能干的人分工,替他管。

于是有人献计,请你这位老板赶快聘请几位副总。

这听起来有理,老板就添加了几位副总。

这些副总进来以后,新官上任三把火,其中一把火就是每位副总分别引进了他的几位助理及经理。甚至部门之间还竞争,看谁最快将自己的门面排场弄到最大,可以睥睨全公司!这就是很多企业虚胖的由来!

如此毫无章法地四处添兵加人,过不了多久,你这老板看到报表,怎么糊里糊涂从十几个人快速膨胀到两三百人了?

请神容易送神难!每个进来的员工都是神,都是他们自己的神。

员工进来,每个人有自己的想法与目标,每个部门都有资源需要保护,因此每个人在不同部门里就自然延伸出各自的部门利益。

这些经由公司迅速扩张而进来补位的员工,分散在凌乱的部门与不同层次,很快地公司这般叠床架屋,就成为现金流大洞与经营效率的最大障碍。

我自己亲身经历过初创公司多次。我亲眼看见,初创时两个人可以做五个人的工作,可是过一阵子,二十个人就只能达成十个人的工作效率了。

有效率经营公司成长,不能只盲目地拼命添加人手或扩大规模。**更重要的是,要有清晰的发展蓝图与健全的结构。**

一些公司遇上快速成长，庆祝都来不及，很可能看轻了这些成长是否合乎长期方向与蓝图。人员过度快速扩张，并非只是人事部门或单位部门的错，而是公司最上层没有厘清整体的发展蓝图。只知道订单越来越多，却不知正确合适的成长方式或步调。

事实上，大部分企业成长期的混乱，都来自人员的重复、功能的重叠、经营管道盘根交错、无法有效沟通……等等。这些混乱，其实可以在初创期就由创业者或执行长先行建立的分工分权规划清楚。譬如：

哪些目标与功能最重要最优先？

哪些任务听起来重要，其实可以容后缓慢添加？

哪些扩充，根本就是单位部门自己在狐假虎威点缀门面？

挑重要的先做（因为你只有那些人手）。

只挑必要的做（因为你只剩下那些资金）。

你的经营团队只能以这个原则建立，也只能以这个步调成长。

【成功创业心灵银行　决胜态度2.3：

赚大钱的创业家，会将自己摆在比他强的人中间。

其他创业家，喜欢把自己摆在他觉得舒适轻松的人中间。

赚大钱创业家要的就是一个最好的团队。

什么叫做最好的团队？

就是可以与你互补，让你学习，又可以毫不客气提醒你别走岔路的团队。】

刚刚说了,"人才"与"市场",是创业家最重要的两个基础。

而其中,"人才",也就是"好团队",更是创业家最倚重的根本条件。就算在不好的市场里,好团队也可以帮助你渡过难关,找到曙光。

组织与维持坚强的团队,就是创业家每天要做的功课!

创业家第三个喜欢咨询的问题,就是"我一个人赤手空拳,怎么开始组织团队?又怎么知道我所组织的团队是对的"?

这个讨论,可以七天七夜说不完的,指导教授两学期也教不透学不通的。

我想,最合适的破题方法,还是简单地切入:

"最好的团队"代表什么意义?

"最好的团队"是不是代表着用最小的资源产生最大的力量?

"最好的团队"是不是代表说我的团队必须是与我最契合的成员?如此才有可能精诚团结,步调一致?

"最好的团队"是不是也应该代表这些团队成员又必须能够带来我目前缺乏的能力与经验?

还有,"最好的团队"是否代表彼此之间必须有最清楚的沟通模式与接受度?如此才有可褒可贬的空间。做对了,彼此互相恭喜。做错了,互相合理检讨。避免一言堂那种声音一致的假象,也躲开各说各话多头马车的混乱。

那么,"最好的团队"要怎么组成呢?

我建议三个重要原则:

第一,**尽量聘请使用比你本人厉害的人。**比你有专业知识，比你有经验，比你有人脉，比你有管理能力的，……通通合格。也就是说，不要缺乏安全感，不用怕，在你自己的周围放上都比你厉害的人！

第二，**要带领团队，你自己得永远不断继续学习，而且快速学习**。你若差一点，至少你得跟得上。你若好一点，希望您能超前。

第三，**经营团队之间的分工分权，要在一开始就规划清楚**。最好的沟通时间，是在他们还没有进来报到之前，就先将游戏规则与你个人的企业文化愿景拟定清楚。

读者可能以为，哎呀，这很简单啊？谁都做得到的，不是吗？

我现在就可以告诉你：这个部分，正是创业家犯错最多的地方！

用两个我过去拒绝的投资案为例，都是千真万确的实例：

90年代中期，我认识住家附近一对H夫妇，他们成立了一家保养品公司。

这对H夫妇很有意思。先生是科学家，潜心研制薰衣草保养品，负责内部研发。太太是斯坦福大学的MBA，一切对外事务由太太负责。

他们通过友人找到我，期盼我投资协助他们发展。

我觉得H夫妇很好，合作无间（虽然我明显看出，太太强势许多）。他们发明的产品，我没资格批评，但我老婆用过以后，觉得不错。

长话短说，我不但决定投资他们，还亲自进场带他们到市场上去见客户，协助规划股权，以及担任他们随时的顾问与参考。我特别记得，有一次我费尽九牛二虎之力，帮助这对夫妇邀约台湾保养品界有名的何丽玲女士。经过几番讨论，何女士愿意下单采购薰衣草面膜 50 万份，算是开头的尝试。

差不多就在这个事业即将开展的时候，我与 H 夫妇也正式开启公司结构与经营要项的讨论。大约有四五天的密集讨论，发生了一些有趣的现象。

我每天与 H 夫妇从早讨论到晚，好不容易大家取得共识结果。这些讨论，都是彼此秉持专业经验，公正地为企业未来的风险给出意见并谈判，最终沟通一致的所有方案，就成为公司发展的蓝图。

可是诡异的事就在这个时候一再发生。

我们三人团队前一天费了八小时讨论得出结果，隔天 H 夫妇来了之后说，他们昨晚想了想，觉得那个结论不好，他们要翻案。

好啊！没关系啊！这是你们的公司，我当然尊重。然后我们就耐心地重新沟通。

第二天我们又花了一整天得出一些结论，大家疲倦地回家。Guess what? 隔天早上，H 夫妇又一大早跑来告诉我，他们要推翻昨天那个结论。

读者们看出这个经营团队的操作模式了吗？

因为 H 夫妇一个是 CEO，另一个是 Chairman。我以投资人与长老的身份担任顾问，也协助他们处理开创事务。可是我们每天辛苦得出的会议结论，他们夫妇回家后，床头床尾自己卿卿我我谈一谈，第二天又回来否决。

这个情形，持续了整个礼拜。

当时我只有一个感觉：哇！以后要是每桩事情都来这一套，光是应付这对夫妇两个人的私议就已经筋疲力尽了，我怎么玩得下去？

所以我决定黯然引退。临别时我说，其实他们的东西真的很好。但如果他们夫妇要以这种方式来经营操控，我建议他们，最好不要找外人帮忙，也不要向外募资。因为一旦你向外拿了一块钱，就得听给钱的人说话。这可能与他们习惯的夫妻经营方式格格不入吧？

我从不质疑夫妻是创业的好伙伴。但问题并非那么单纯，要看有没有健全的分工分责分权。

硅谷上市公司 Marvel，就是印度尼西亚华侨与上海姑娘夫妇一起创立的半导体大厂，公司成功到市值超过百亿美金。其他地方亲人合作创业成功的案例也很多。

但读者们不妨这样想一想：

如果你是一家老板，你弟弟是技术长，你太太是财务长，你以为是最可靠的绝配？问题是，其他来协助你们的高管怎么办？他们如何处理你们家族成员的合体意见？他们如何在你亲人中间找到发言空间？如何发挥他们或许比你们亲人加起来还强大的能力？

没有标准答案，但如果能够有明确完整的分工分责分权，一定会有帮助。

另一个例子，则是最近刚发生的。

有所台湾最著名的大学副校长邀请我为他们检视与投资校内孵化器培养的新创公司。我联合了几个业界天使投资伙伴，包括联电前执行长与前副董事长孙世伟与友达前执行长陈来助

（也曾经担任过微热山丘执行长），共同看好一个新创 IoT（物联网）项目团队。

这几年正是 IoT 红火，大家都盲目地人云亦云的时候。但其实 IoT 这个观念，在信息界与网络界长久以来早就有了，只是名目与包装改头换面而已。这两年趁热打铁跟风的特别多。2014 年到 2015 年，每次有新创公司推出，十个就有五个与 IoT 有关。

我们很喜欢这位刚刚大学毕业的创业家的新点子，认为计划可行。在座的还有半导体大佬，也同意投资。虽然这位创业家自己其实还非常稚嫩，讲话还会有典型的台湾孩子吐舌头耸肩的可爱反应。但是行家都出手说可以了，我们当然没问题。

接下来，这个 IoT 团队到硅谷来访问，我们安排了创业律师协助他们解决了许多困难，并介绍他们与一些可能的未来伙伴认识。

在这过程中，一些令人警觉的状况出现了。

这位创业家来我办公室做简报与讨论，带来一位他聘请的协助成立硅谷分公司的负责人。硅谷是 IoT 重镇，不可轻忽，一定要慎重布局，一定得聘请能够穿透所有半导体公司的老手来开疆拓土。

可是年轻创业家聘请来的是更年轻的硅谷负责人，我们与他谈话，发现他比创业家本人更嫩。他的经验更少，几乎是完全不懂半导体市场的菜鸟（做过一两年事）。而且在跟我们这些老手对谈的时候，这位硅谷负责人支支吾吾、扭扭捏捏地交代不清，让我们觉得这又是一个以可爱取胜的年轻人？

我不认为没有经验就不能成事。

有些老手有一堆错误的经验与陈旧的概念，成事不足，败事有余。所以我一再强调，能力与年龄无关。

但是，一个负责人有没有能力快速地在战国时代进入状态，对新创公司来说，实在太重要了。一个没经验的人，躲藏在他的舒适空间，聘用了另一个比他更软弱青涩的硅谷分公司负责人，我的天啊！

对不起，故事尚未结束。

创业家来开会两次，每次都带着一位女伴。

第一次开会，这位女伴一句话都未发表。

第二次开会，我们这些硅谷老天使怕她寂寞，就好心地问她，你是跟着创业家来硅谷玩吗？她说是啊，我是未婚妻，将来也会担任这家新创公司的营运长。

于是我们问她，你是什么专业？有什么本事与经验？做过什么事？担任过什么经营管理角色？她的回答大概基本上都是"零"。而且对谈之间，我们又清楚地看见那种扭捏作态"我还年轻，这个不知道那个不知道，又有什么关系？反正我未婚夫是创办人"的态度。

我们没有资格断论这些菜鸟是否无法协助创业家开天辟地？但我们想，若要这种菜鸟加上菜鸟的团队，从台湾连根拔起到硅谷来立刻与其他经验丰富的竞争对手PK，可能短时间不容易吧？搞不好会快速阵亡？

如果让投资家选择，我们会希望这位年轻创业家多花一点精神，谨慎一点，邀请一些比他有经验的专家来协助他，不要只聘用他自己圈内觉得有安全感的人。女朋友固然是可信赖的（只要不吵翻），但她是正确的人吗？

尤其在初创的紧张阶段，每一分钱每一刻钟都是宝贵的，不容许过多地尝试错误，更不容许会咋舌作可爱状的人将投资人的资金拿来当作学习过程。

就这样，一个很有潜力的案子暂时搁浅了。

将来，如果这位年轻创业家能够迅速学习，好好地将公司根基打稳，我们随时候教，随时可以再进场。

所有创业家们请务必记得，团队是你最重要的资产，不能随意组织，不能轻易乱配，更不能当作游戏般地安插哥哥姐姐或男女朋友。

用人唯才，古有明训。

如果是你自己100%拥有的企业，又是100%自己出钱的新创事业，谁管你啊？根本管不着！

但如果你今天需要依靠外界资源投入，你就得扛起莫大责任。这位可爱的年轻创业家，空有很好的点子，但完全没有创业的责任感，以为这件事还只是自己与女朋友扮家家酒？

请大家记住：

第一，**尽量聘请使用比你本人厉害的人。**

第二，**要带领团队，你自己得永远不断继续学习，而且快速学习。**

经营团队之间的分工分权，要在一开始就规划清楚。

3.3　决胜态度三　市场与竞争

赚大钱创业家尊重市场，深入了解客户需求

其他创业家上网看市场数据，然后说我三年后会达到百分之五市占率（还补充说明：这只是保守估计）

赚大钱创业家为了竞争对手而紧张失眠

其他创业家认为自己好像还没有对手

我二十年来多场演讲时，常引用一句自己创造的话：

"Necessities create functions; Functions decide forms。"（需求创造功能，功能决定形状）

后来有人告诉我，硅谷的斯坦福研究所（Stanford Research Institution）也有一句公司治理名言，与这句话部分类似。它们是按照顺序排列的四个字：

Necessities 需求

Approaches 方式

Benefits 益处

Competition 竞争

这两句描述，基本上说穿了如何了解市场的真谛。

【成功创业心灵银行　决胜态度 3.1：

赚大钱创业家了解市场的步骤是：

先了解市场的短缺与需求，

然后才知道以什么功能去满足这些短缺与需求，

之后自然出现产品及服务。

其他创业家认知市场的步骤是：

先想到一个产品的绝世美妙点子，

然后自圆其说他的产品正好符合市场未来的需求，

很不幸的，推出之后，怎么没有人抢着来购买？】

读者们可能觉得难以置信，每当我询问来向我推荐点子的创业家，你们做过什么市场调查？他们几乎都异口同声地回答：

根据某某市场调查数据显示，我们产品的市场，在未来三到五年会成长到美金 200 亿。我们保守地认为（非常谦卑客气），我们的产品在这个市场将会由很小的 5% 成长到三年后的 10%。我们未来的目标是一定要成为前三大，至少占有市场的 20% 份额……

当然他们也会准备很美丽的图像与统计数字，辅助他们说明市场走向，以及自己必然的成长趋势。

这是创业家在不断重复的市场预估简报。听起来都很好听，可是它有真正可信的内容吗？

它有什么不妥？

第一，创业家们不晓得（他们认为自己是独一无二的创新者），在同一个月来我办公室提出类似产品的创业团队已经有至少五家。他们每一家都估计自己三五年后会获取市占率

20%—30%。而这个市场,目前已有历史悠久的既存公司 incumbents 三大家,他们现有市占率大约已经90%。所以,怎么推算,旧公司加上新公司,都超过了市场饱和总额的几倍。是否现存的大公司都要关门或退出?或者这只是创业家一厢情愿的简单算术?

第二,参考市场调查报告作为创业起始的根据,是一个可以接受的基础功夫。但如果你全部的产品与市场构思只是基于如此商业性的数据,前头你本人没有花上真正功夫,后头你与其他竞争对手都使用同一份数据,那么你对市场的了解究竟有何处比人家深入?或有啥独到的地方吗?

第三,一厢情愿地挑个数目,就说是自己的市场前景和预估,固然可以解释为创业家信心十足。但不要忘了,创业家一旦相信了自己对市场的预估,之后新创公司对他有限资源的使用,就会按这个预估向前走。过分乐观或过分激进,一两年将资金用完后,市场却还没起来,很快就完蛋了!

那么,创业家该怎么做,才算正确地深入了解市场?

以前我同学Y先生是工程师,在某产品领域设计多年。有一天他想到运用他累积的经验快速设计某些新功能加入这产品(可能是变更轻?更小?更精密?更好用?……)。他告诉我,这么靓丽的产品,必然天下第一。

于是他创业,鼓吹好友同仁加入阵营,夙夜匪懈地将这个他认为天下第一的新产品做出来了。有一天,创业家终于快乐地庆祝理想产品问世!

可是新产品推出之后好几个月,为什么没有人来排队购买?

困惑之中，他们开始询问一些使用者，为什么不购买他们这又新又好的东西？

使用者的答案，让 Y 先生感到当头棒喝！

一位使用者说："哦！你这新产品看来不错，但我现在用的产品已经很足够啊？目前没啥理由更换！"

一家国际级的 OEM 公司分析："嗨……，你们的确增加了某些功能。可是，你们增加的功能对我来说不痛不痒。我真正需要的是另外某一种功能。如果你们早加上另外那功能，我就会立刻下单！"

一家大型经销商说："啊！我们只与大厂品牌合作。你们是新公司，除非产品有大幅度的革命性改变，不然我们不会因为这不着边际的修改而更换。"

然后这家经销商的老板将 Y 先生带到旁边，暗地里补充说明："……我告诉你，目前我们经销的现有品牌产品，顾客一直反映有某三大缺失与弱点，你只要将这三大项做出改进，那么……"

工程师出身的 Y 先生终于恍然大悟！

他恨不得踢自己屁股说："我这大笨蛋，为什么没在设计之前，就先咨询这些使用者与经销商呢？早知如此，根本就不会浪费那么多资金与糟蹋了宝贵的市场机会！"

这位努力的创业家 Y 先生错在哪儿？

很简单，读者们应该都看出来了：

他们所谓的市场调查，是以自己为出发点制作出新东西。因为这类产品他已经做过很多次，所以他认为自己最懂，然后他告诉自己，市场非常欢迎他们的新东西。也就是图 1 的误导

流程:

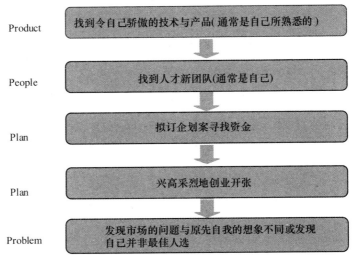

图 1

但市场的购买行为与购买心态,并非从设计者出发的。

市场的购买行为是从市场需求出发的。

购买心态是从购买者的需要展现出来的。

受欢迎的新产品出现,起因是现有旧产品的不足,带给使用者痛苦点(Pain Point)。而新产品针对这些痛苦点提供了甜美点(Sweet Spots)。

所以正确了解市场步骤应该是图 2 的流程:

创业家朋友们,花点真功夫去钻研市场,先多跟使用者聊聊,再去拜访营销渠道的各层次厂商。再差再差,每个行业都有它自己的论坛或商展聚会,任何人都可以参加。

对某个市场有兴趣,就赶快去参观那个市场的大会或展览会。譬如电子产品有电子商展,信息产品几乎一年到头都有讨论会促销会,汽车业或汽车零件更有五花八门的集会,甚至还

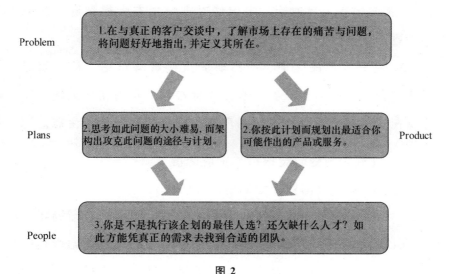

图 2

有排排美女在会场招徕你的参访。

这是既好玩又可以近距离接触你想象中市场的最佳良机。我保证你，只要你用心参观每一个展览馆，费工夫与每一位在场的专家对谈，你踏出会场的时候，绝对比你进入会场前更加了解这个市场的来龙去脉，搞不好还会碰上对你的构思有兴趣的客户。

类似深入了解市场的方法太多了。距离使用端越近，真确度越高。跟越多使用者谈过，就更了解你该做什么，怎么做！反之，如果自己坐在家里想象自己的发现，越想越得意，但说不定会离真正的使用者需求越行越远？

1. 与其自己闷着想，不如直接多与终端使用者对话。谈什么？问最简单直接的问题：他们对现有产品满意什么？不满意什么？

2. 每样产品都有它的生态，包括销售渠道（包括网上销售),多与销售人员对话,不但你对市场生态会得到进一步掌握,更可以通过这个方式结识销售伙伴!

3. 在开发产品之前,花点时间直接看看市场。从大卖场到博览会,从参加论坛到观赏促销发布会。不用花什么钱,却可以在短时间内看到许多行内厂商与它们的上游下游生态。

【成功创业心灵银行　决胜态度3.2:
当初想要创业的动机是什么?

赚大钱创业家想创业,是因为看见明确的"市场痛苦点",也就是"市场新需求",而他既有的核心能力也足以针对需求提供解决方案,所以事半功倍,一拍即合。

其他创业家:

看到别人赚钱成名似乎容易,又听说市场很大,就想来分一杯羹。

内心想证明给家人或朋友看他也很威风。管他什么市场,先爽快地招徕大家的羡慕与敬佩吧!所以事倍功半,相当勉强。】

30年前硅谷有位交大毕业的华人黄炎松博士(Paul Huang),他在一家大型的半导体设计软件公司上班。该公司长期投入一项设计软件测试的研发,黄炎松就是这桩研发项目的经理。

公司这项研发案投入了好几年,黄炎松也就跟着这个案子四处与OEM客户商讨产品共同合作。几年之内,黄炎松从一个坐在实验室角落的工程师,成为完全了解重要客户需求的多元经理人。

好景不长，有一年经济转凉，公司忽然决定不再继续这个案子。黄炎松与他整个团队都被裁员（Lay off）。

哇！明明乖乖地好好做事，怎么晴天霹雳，一下子整个团队都没饭吃了？

这就再度证明，危机就是转机，大开大破一定带来新契机！

黄炎松与团队成员商量之后，反正没有工作了，干脆自己创业，开一家公司叫做"ECAD"。他们做的就是他过去几年从客户端研究出来的市场上最需要的产品。而这批同仁，过去已经在同类的产品研发工作中并肩合作了好几年，果然驾轻就熟很快地推出产品，而且立刻被过去认识的客户接受（原始需求，本来就是客户告诉他们的）。

长话短说，这家公司数十年来经过几番转折，现在改名为"Cadence"，是全世界最大的半导体设计软件公司，市值70亿美金（等于台币2200亿，人民币420亿）。

如此世界第一的企业，原来就是如此简单开始的。

如果有客户告诉你他们的需求，你就拥有正确的需求信息。

如果有许许多多客户告诉你他们的共同需求，你就拥有市场整体需求的认识。

如果下次轮到你被裁员了，哈！我一定要恭喜你喽！

因为你将会事半功倍，与市场一拍即合。

我另外有个友人H先生。他在校的时候，同学都说H先生必定会是同学间最成功的一位。因为就学期间，H先生就已经鹤立鸡群，非常突出，而且他常常信心满满地告诉其他同学，他将来一定要创建伟大事业。

就职几年以后，H先生出来创业。他对自己的未来充满憧憬，当其他同学还在上班的时候，他就一定要率先出马，非得在同学间第一个创业不可！因为只有这样，才合乎同学对他的评价，才能够继续维持他超越同学的表象。

为了要创业而创业。

为了要让大家看到自己一直很行很犀利而创业。

为了赶时髦而创业，一再挑选当红题材作为自己的项目，随波逐流而已。

下场都不很好。

H先生也不例外。

他前后创业了不下五次，每次都轰轰烈烈干了几年之后就黯然关门。而且这五次创业都有一个共同点：

个人计算机红了，市场热了，他就投入开了家计算机公司。

光电光盘（Optical Disk）红火的时候，他就投入参与光盘的创业。

激光打印机大卖，H先生立刻也摇身一变成为激光打印机专家。

互联网出来了，大家都忙着炒作，他也不落人后搞了个网上公司。

后来电商（eCommerce）当道，H先生怎么会缺席？他还花了钱去上了一堂"如何做电商赚钱"的课程，然后也当仁不让地开启电商。

结果呢，30年前比其他同学早出道的H先生，到今天还在挣扎，还在蹉跎。

为了证明自己行，而空头空脑地找热门题材创业，事前没有认识市场打好根基，事后缺乏行内核心能力，永远在那边胡搞胡闹，不但事倍功半，还会屡战屡败。日子久了，昔日同学们怎会看不出来？

中国人说"谋定而后动"，真是特别有智慧！创业家该"谋"什么？不就要"谋"个市场路子？先"谋定"市场路子，后面做起来就快啦！

【成功创业心灵银行　决胜态度3.3：

如果问所有投资人，他们最希望看到的创业者计划书内容是什么？

投资人都会告诉你，详尽的竞争对手分析，越详细越好。

如果问所有投资人，他们最怕听到创业者说什么？

投资人会告诉你，他们最怕听见创业者说他没有竞争对手。

赚大钱创业家会尽全力透彻了解竞争对手的每一气每一息。

其他创业家自信地认为没有对手，或对手的都没有他好。】

"我们的做法比较先进，没有人跟得上，所以目前没有竞争对手。"

"我们的模式是独家的，别人模仿不来，市场上只有我们这样做。"

"咱家的设计是专利的，可以垄断市场，其他竞争对手跟不上。"

这样的说法我听创业家说过几千次。

如果每次听到创业家这样的说法都属实，都成立，我今天股票上市的公司就不会只有近三十家，而至少会有数千家了！

最笨的创业家才会说他没有竞争对手。因为那只代表他没有用心找出对手，只代表有对手而他浑然不觉。

稍微好一点的创业家会说他们好像有竞争对手，不过都很弱，很落后。因为在他有限的信息里头，他只看见自己的强项，而忽略了别人的长处。

强一点的创业家会实地去调查竞争对手，然后列表比较。

不过我在这儿提供读者们一个有趣的发现：

我数十年来读过数千份创业家制作的竞争分析列表。

在那些列表上，很奇怪的，不管竞争分析有多复杂或多简单，每一份的结论都是创业家自己公司获得PK之后的全胜或是重点大胜！

听起来好笑。其实也别太为难创业家。

如果他们为投资人作简报，在自己制作的竞争分析上居然说自己大败，那不等于宣告自己的东西不行吗？还想募什么资？

我认为，比较重要的，还是一个态度问题。

这个正确的态度应该是什么？

普天之下，任何东西再怎么伟大，即使得到诺贝尔奖，都会有竞争对手。

竞争对手至少一定以三种形状存在：

比你早的，现存的（Incumbents）。

正在与你同步发展的。

藏起来，你还没听见的。

不要小看现存的大公司竞争对手。

现存大公司多半也是市场领先者。他们的缺点是动作慢，效率低，无法迅速创新，所以给了新创公司机会。

但现存的大公司，无论他们有多老旧，一定也有几个强项：他们有历史悠久的公信力，他们有庞大的触角与脉络，他们可能也有比较雄厚的资金。

所以与大公司竞争，游戏规则也挺单纯的：

大公司短时间内做不出来的，新创团队短小精干，来快快地做。

市场太大，大公司也无法全吃。他们照顾不到的地方，新创团队来吃。

大公司财大气粗，一方面竞争；一方面也可以结为互补的盟友。如果能够与大公司又敌又友，搞不好过一阵子大公司嫌你太烦，就高价将你并购了！

与你同步的竞争对手，则是你可敬的敌人。

因为他们代表有另一群人，跟你们一样聪明，在同一时间看见同样的市场，在做同样的事。这种竞争肯定短兵相接，互不相让，精彩可期！

这时候，你的竞争力就必须来自于产品区隔（differentiations）与智慧财产（Intellectual Properties）的强弱多寡。这一部分，留到下一堂课再谈。

你没听过而又看不见的潜在对手，可能是你最可怕的

对手。

因为你不知道他们,他们却可能知道你。

你在明处出现了,他们躲在暗处暗地里分析你做的每一件事。

这也是自古以来物竞天择的自然道理。

先出现的,自然无所遁形。就像你对现有大公司的缺点了如指掌。

等到你推出产品,也曝光在明亮之处时,隐藏对手要怎么研究你,你都阻挡不了。

以前我做过一个简单调查。

有一家我协助创立的公司推出了产品,收到好多份试用(test orders)的订单。他们好高兴好得意哦!

当时我觉得不太对,怎么最先接到的几份订单,都不是我们熟悉的使用者?更不是我们市场里头说得出名字来的客户?

结果,我们透过渠道打电话去询问。

哈!发现原来这几个样品订单,全都来自更新创的团队,他们在偷偷设法购买我们的样品回去拆解分析。

所以说,要真正了解市场,请与大量最终端最直接的使用者现身说法直接调查。

至于说竞争对手,绝对不可轻忽小看,只有知己知彼,才有可能百战百胜!打不过就结为盟友,打得过也要尊敬对手。

3.4 决胜态度四 追求不同与保护核心

赚大钱创业家讲求一定要有比他人凸显的区隔。

他们利用这些区隔性在市场上建立特殊定位，打遍天下无敌手。

其他创业家说我们与别人差不多，但我们比较便宜。他们还说，没啥了不起，从来大家都是大同小异？

区隔模糊，自然市场定位混淆，消费者也不知道究竟该买谁？为什么要用这家的？

这个世界上什么样的产品什么样的服务都有，林林总总，五花八门，让人眼花缭乱。

这个世界上千千万万种东西每天在各个角落争奇斗艳，千方百计勾引你的注意，触发你的消费。

你有没有想过，为什么总是特别会喜欢某家的东西？为什么买了某家东西，你就会觉得特别心安（当然也有满足）？

你有没有想过，如果要你闭上眼睛想想某一样物品，为什么马上就会有某个代表性的产品或企业出现在你脑海里？就算你不见得常用那个产品，你还是无法避免地立刻联想到这一家的产品与品牌？

通常一般人直觉的回答是："因为他们最有名！"

或"因为他们最大！"

或"因为听说这家公司出品的东西质量最好！可靠！"

或"因为这家公司常常促销，价廉物美，消费起来觉得很值得"

……等等。

问你汉堡，你立刻想到麦当劳。但你可能是个老人家，从来不吃汉堡的？其实麦当劳与汉堡王或者日本摩斯汉堡，不都是两个半圆面包夹着块大小差异有限的汉堡肉？其他，不是青菜就是黄瓜或者西红柿洋葱，然后撒上一点不同颜色的酱料，能差别到哪里去？

问你衣服，那回答就很多样了。可晚近许多人特别喜爱一家异军突起的日本衣服"优衣库"（Uniqlo）。就连我这种从来不晓得谁家衣服比其他家有什么不同的人，自从在"优衣库"买过几件内衣以后就爱上它，从此变成它的死忠顾客。过去三年我所有内外冬夏厚薄衣裤服装的总消费支出，"优衣库"至少占了80%（绝对属实，优衣库应该颁给我一个奖牌）。

对于服装，我根本一窍不通，但为什么连我也会这样？

问你清凉饮料，很不幸的，你不是想到可口可乐，就是想到百事可乐。但真叫你形容这两家有什么具体不同，你还说不清楚呢。除了入口五秒钟的些微口感差异之外，不都是糖水加气泡吗？

问你健康养颜水果，有些人想到咱们华人的番石榴，但很多年轻人都会想到新西兰的奇异果（Kiwi fruit）。不过年轻人可知道，奇异果在数十年前是除了新西兰人知道那是什么玩意儿以外，全世界很少其他人在食用的？今天却变成健康养颜水果的代表?

不用多说,我的意思你已经了解。有些产品在芸芸众生之中就是突出,而其他产品就跟着在旁边载沉载浮。

我们应该探讨的则是为什么会这样?

为什么有些明明同构性很高的东西,到最后还是变成独特明显使人向往的胜利产品?

【成功创业心灵银行　决胜态度 4.1：

赚大钱创业家不讲求自己的产品样样都赢,但要求一定得有某一两项功能是独步武林十步必杀的绝活!

这就是重要的"区隔性 Differentiations"!

其他创业家会重复强调自己多么不同,但却说不清楚消费者为什么非买你不可?

缺乏具体的区隔性,消费者不会记得你,也没有充分理由购买使用。】

先从肤浅表象分析区隔成功的道理。

大家会特别地记得某些品牌进而转变成个人爱用,似乎不外乎几个想当然的理由:

1. 有定位为历史悠久的产品。老牌子累积群众的信任,长久以来消费者重复听说过(刚刚说的可乐、汉堡,甚至刮胡刀以至于手机……),以前爸妈或亲人在家也都用这个牌子(譬如大同电饭锅)。

——它的特征:品牌存在久远,所以很多人都用过,很多人也都还在用,虽然他们自己不一定知道为什么。电饭锅的例子,毫无疑问就是耐用与众人共同使用过的可靠历史。

2. 有凭借灿烂系列广告为自己找某项特点定位的。一天到晚四处打广告，躲都躲不掉（譬如化妆品就是最明显的例子。其实，大部分化妆品成分真的都差不多，但它们可以成功强调美白，或者抗衰老、除皱……）

——它的特征：轰炸式唯美化广告感动，或是喧嚣式宣传，长期将产品优点特点强行植入你脑海。一旦攻势收效，长久以后可能变成第一类。

3. 由影视名人或著名运动明星使用代言，凭借公信力假象而定位的。重大事件（Events）譬如球队赢得世界冠军，也可能是象征性代表（Symbols）譬如某位著名作家或人民英雄，带来信任的联想。最著名的莫如飞人乔丹（Michael Jordan）带动耐克（Nike）球鞋大卖，现在旧金山的克瑞（Stephen Curry）则带起了 Under Arms 新球鞋快速崛起。

——它的特征，可能有季节性或风潮性，一阵一阵一波一波的。但当代言人红火的时候，力量不可小觑。

再从内涵隐藏的真正区隔意义来分析。

其实普天之下所有的产品区隔性，无论老牌子或新东西，都可以归类在五大因素之内。

我把它统称为林老师的"5 Differentiation TIIPS"：

1. T 代表"Timing"（时间区隔性）

市场第一炮，最早推出的，总会给人深刻印象，也具有真正创新的美名。所以创业家常常告诉我，他们的东西是全天下最先行的，没有人跑在他们前面。

市场里最早出现的，而又能历经长期淘汰而生存至今（大概也都已颇具规模），就是我们所谓"历史悠久的品牌"，当然有它特殊区隔地位。老大就是老大，它不见得最好，但与它同期的竞争对手都死光光了或销声匿迹了。

创新创业家无法追求历史久远，所以很喜欢定位自己是"市场最新，世界第一"，针对老大的缺失来创新。但请大家记得，这个世界上真正前所未有的东西是很少很少的。就连诺贝尔奖得主的发明，之前也有前辈的相关研究基础。你的伟大主意，通常以前曾经有别人想过，只不过他们当年想到这个主意时，客观条件无法协助他达成实现（科技业尤其如此）。

何况"最新最先"完全不能保证就是最成功的区隔性。

譬如 MP3 这个线上音乐技术（Online Music），推出后引发随身音乐机产品风潮，全世界有上百家厂商。可是后来苹果公司推出了 iPod，一统天下，那上百家 MP3 的公司全都灰飞烟灭尸骨无存了。凭自己是最先行者，但却被竞争者后来居上的例子不胜枚举。

Timing 最早，有它的优势，但危险程度也高。像我们科技业数十年就看过太多的创新科技公司，推出时大家惊艳，但都没能成为"勇士"，反而变成"烈士"。

2. I 代表"Intelligence"（智慧区隔性）

早期的手机已被大家认定是笨手机。我还有一只，如果有年轻人在旁，我一定不敢拿出来用。后来的手机增加了各种功能，定位成 Smart Phone，所以都叫智能手机。这是不同时代手机厂商编织出来的区隔性。今天恐怕想买也买不到旧的笨手机了！

这是天下所有产品的重要趋势之一。

以前的车子就是车子，现在的车子可以看地图，可以接电话，门窗可以自动开关，打滑可以自动控减。但车子的最主要功能还是车子，目的是将你从 A 点载到 B 点，但现代消费者就偏要买智能型的新车。

你知道未来的车子长什么样子吗？未来的车子将被各种观测照相（Surveillance cameras）与感触器（sensors）团团包围，你可以 360°看见四面八方，还可以拥有自己的行车黑盒子记录器。但车子还是车子。

晚近红得发紫的技术 IoT，不过就是将你的洗衣机、冰箱、吸尘器等所有东西都加上可以管控可以沟通的网络智能？但这些东西的主要功能不变，还是洗衣服、冰食物、吸地毯，只是定位成了智能型。下一世代的孩子们一旦习惯这种新产品，他们就回不去用没有如此智能的东西了。

3. I 代表"Integration"（整合区隔性）

四五十年前的 IBM 大计算机占用一整栋楼，它的功能跟你今天桌上平板电脑以及手中的智能手机差不多，甚至要逊色得多。

哇！好犀利！四五十年来发生了什么事？

四五十年来全世界发生了太多的科技进步。这些复杂的历史过程用两个字可以统言之：就是"Integration"（整合），不断地整合。

我本人亲身经历大型计算机整合成迷你计算机，迷你计算机整合成个人微电脑，个人计算机整合成笔记本电脑，然后又进一步整合成手机。所以今天的手表计算机是理所当然毫不稀奇的趋势。未来计算机会植入你走过的地毯、睡觉的枕头、厨房的咖啡机，完全合理也必然。那时候，每样产品都重新定位为"高度整合"了！

不过要达成这一世代一世代的更替，就得靠漫长时间与缓慢推进的整合技术。技术到位，才有可能进一步整合，这也就是各个世代产品之间的重大区隔了！

绝大多数的创业家自己浑然不觉，其实他们新创的产品大多属于"整合区隔"的范畴之内。科技界将一片线路复杂的大电路板整合成一块芯片，将好几块芯片整合为另一块超级芯片，同样的事情发生了四五十年。晚近医疗器材上也有很多新突破，一样也是将新技术与新医疗方式整合成为更密集更好用的新仪器。譬如将医疗诊断与无线技术整合成一种服务，就叫做"远距医疗"。将测量计量技术放到你的手表或项链里头，就叫做"随身健康仪器"。

我可以猜测现在正在读本书的您，心中的新创主意，若非增加产品的智能功能，就是整合产品多功能吧？

4. P 代表"Packaging"（包装区隔性）

增加智能与整合功能，并非唯二的产品区隔方式。市面上多的是换汤不换药、新瓶装旧酒的对象，但也能得到高度区隔效果的产品。

我有一个颇具趣味的经验。数年前我应邀担任"创新论坛展示会"的讲评。有一位设计师推出透明的电熨斗。

透明的电熨斗与你家的电熨斗功能一模一样。但这位设计师坚持认定这是他伟大的创新。我不完全同意，于是设计师与我展开激烈的辩论。

我认为要定位为创新，要有市场冲击性，除了模样包装改变以外，应该还得要有功能或使用上的进步。也就是说，除了长得不同之外，还得要变好或变方便，这才是完整的新定位价值。

　　设计师反驳说，电熨斗里头加水喷雾，透明外壳让使用者看到水位以及喷雾的趣味，不是增加方便吗？我想如此辩论下去，大概还是公说公有理而已？其实这是一个更大的辩论。如果将一个产品重新包装，变得比较可爱或比较漂亮，是否就算有区隔性？

　　设计师觉得他创造了区隔性，但消费大众会怎么看呢？答案是：市场上有一撮人就是会要新鲜熨斗，就是会要抢新鲜购买这透明电熨斗，也好向邻居好友炫耀炫耀。但大部分消费者，恐怕觉得差异性太弱了。

　　事实正是如此，后来这份设计也没有得到任何厂家的青睐。

　　我这里所说的"包装区隔性"，思维与范围其实远大于只限于外表的可爱改变或产品外观改变。

　　读者们听过"云计算"（Cloud Computing）这个世界级新市场吗？你听过"大数据"（Big data）这个更新而人人趋之若鹜的大趋势吧？

　　他们所代表的根本技术都是信息界长久以来就有的东西。

　　信息界长久以来就在集中运算与分散运算之间来去变化。大型计算机是集中运算。后来个人计算机太强了，整个世界都是分散运算，然后用网络连接起来。到了现在，因为互联网太厉害，而手机也越来越多，于是信息界重新组合运算资源，重组核心工作运算的组合，更聪明地定位为"云端运算"。忽然间，全世界都觉得好像有个希望无穷的新市场出现了！这是全球产业集体将既有概念重新包装，而重新定位成崭新观念崭新市场的成功案例，太猛了！

"大数据"不也一样？

信息界一直就是在处理数据，这是大家本来就知道的。

全世界数据一直也在增加，即使没有读博士学位，大家也都知道的。

但过去几年，互联网以及数亿的网民网站将全世界的数据量以超等比级数的速度暴增飙升，以往的技术逐渐不够用了。所以产业界就将处理数据的各种技术与设备升级加等，然后共同称呼它为"大数据"。

"大数据"做的事情没有与以前不同，只是处理的数据大多了。可是如果产业界定位说这个新技术或新产品是上一代技术的延伸晋级，市场反应大概不会很热烈。现在集体将之定位为"大数据"，光是听就听兴奋了！我在很多会议场见过许多听众，信誓旦旦地跟供货商说，这是何等革命性的新趋势！何等成功的区隔定位！

这两个案例，充分说明了"包装区隔性"可以产生的强大力量以及它无远弗届的应用。

5. S 代表 "Scalability"（数大区隔性）

什么叫做"数大区隔"？

亚洲的工厂自古以来从事的就是"数大"的制造服务。

欧美企业发展出来一项好产品，交给亚洲工厂制作，可以从 100 元的成本变成 20 元。它凭借什么？就是"足够大的数量"。

数量大了，采购原材料与零件的数量也跟着大，成本价格一定降低。

一再重复的生产量多了，质量就会跟着不断进步，良率增加坏率减少。

于是什么结果产生？更便宜的价格买到更好的产品。

读者会问，我是否认为价格便宜也算是创业家可以引以为宝的胜利区隔？就凭这一招便可以成功赚大钱？

也对也错。

我的看法很简单。如果人家100块，你90块，这只是无厘头杀价，没有学问没有创新。你只在自掘坟墓，完全缺乏集合"数大"的贡献。

但如果人家100块钱，你同时间却只卖10块钱还大赚，而且质量一样好或更好，我相信你的"数大"背后一定有不得了的突破与创新。这就是我所指的"数大区隔性"。

你以为只有硬件的生产制造服务可以凭借累积大数量而改良吗？错了！其他任何产品同样也有数大的区隔。

尤其是依靠软实力的服务业。

华人一直想抢软件外包或企业行动外包的生意，却始终没有大成。为什么？有人说是因为印度人的英文比较好。没错，但这只是原因之一。

印度的软件外包商动辄数十万人，华人最大最强的软件外包了不起有几万人，大多数外包公司都停留在几千人的计量。

汇聚数十万位靠软件吃饭的工程师，数量大到一个程度，忽然间软件外包服务的模式、层次、效率与根本的内容就完全不同了！

这时候的区隔性，早已脱离单单倚靠杀价降价的区隔力量。而是"数大"积累到你可以提供更多前所未有的服务项目，以及过去不敢想象归属于你的新机会。

创业家并不需要掌握所有的"TIIPS"五大重要区隔性，那是缘木求鱼的。你只要拥有任何一项，然后加以妥善发挥，就足够脱胎换骨变成赚大钱创业家。

1. 你可以比别人早，但也需要活得够久。
2. 你的产品可以比别人有智能。
3. 你的东西可以整合更多别人没有的功能。
4. 你的概念包装可以让人耳目一新，咸以为是崭新事物。
5. 你得要迅速累积大数，才有可能更进步。

演讲时我常引用张艺谋的电影《英雄》里的李连杰，作为区隔性另类代表。

看过《英雄》这部电影的朋友都会记得，影片中还有另外三大高手甄子丹、梁朝伟以及张曼玉。严格说来，这三位在电影里头的武功，似乎都比李连杰要来得强。

但他们都愿意牺牲自己，包括自己的性命，让李连杰一个人去完成大功德。

李连杰有什么，居然可以让其他高手退让？

因为他就有一招叫做"十步必杀"！

有了这一招，无坚不摧，无敌不克，所以其他高手为了完成大业，就将这艰难任务礼让给他了。

创业家们，问问自己，你有没有独特的"十步必杀"？你的"十步必杀"区隔胜利点在哪里？不用多，有一个或两个就打遍天下无敌手了！

【成功创业心灵银行　决胜态度 4.2：

赚大钱创业家建立区隔性后，就立刻建立智慧财产来保护它，而且视为当务之急。

其他创业家，还以为智慧财产是大公司与大学教授才需要讨论的东西？或以为留到日后再慢慢考虑吧？】

这是我说过写过多次的著名案例。

1990 年我首投的第一家上市公司 Avanti，是华人工程师创办的软件公司，全盛时期可说是该行业的世界第二大。当时智慧财产（Intellectual Property）的概念还不够透彻，很多人不认为是紧急重要的大事。

Avanti 成功上市之后，受到竞争对手联合调查局与地方检察官兵分五路包抄公司与创业家的住宅。在那个不注重智慧财产的年代，很容易一下子就抄出一般人不小心带回家的数据，或是朋友给他的磁盘片。结果缠讼多年，公司遭受很大的困扰，主要经营团队也饱受煎熬，最后不得已还便宜地将公司卖给另外一家对手。

时光迅速前移，今天智慧财产已经不是什么高深的学问了，准备要创业的孩子们大多已懂智慧财产保护的重要性。问题是智财有多重要？如何循序安排？什么时候开始进行申请智财权比较恰当？

智慧财产必须配合实际情况弹性处理

与前端讨论的"产品区隔性"前后辉映，"智慧财产"正是最能够帮助新创公司清楚定位的工具。

根据你新创的发明,广泛地取得智慧财产,立刻帮助你与其他竞争对手清楚地区隔开来。但要不要申请你特殊发明的智慧财产?在何时申请?用什么方式申请?却都是值得再三酌商的。

我投资过的许多新创事业真的拥有突破性的发明,它们包括新材料的使用或混合,线路的设计或特殊零件的创造,化学或生物组成的新配方公式,……等等。这些机密,在申请专利的时候是需要写出来,放在专利申请书的公开说明(disclosure)里头。

那还得了?咱们的新发明详详细细写入申请书,专利局公布之后,不就等于发邀请函给对手请他们上来检视把玩一番?

这就是创业家必须与自己的律师长期切磋考虑的地方。有些发明一定要迅速申请,有些特殊配方千万不要写到申请书里去,视为"商业机密"(Trade Secret)就可以了。

而且申请智财的时候,也要看区域性与广泛性,律师费用与申请费用都不便宜。新创事业就那么一点起始资金,能有足够的钱将它完善吗?

所以,我简单综合一下简单原则,后续比较合适缺钱乏力的新创公司(我不是律师,这些只是我粗浅的经验与看法):

1. 原则上,若新创公司有充裕足够的资金,就申请足够的专利保护。

2. 如果没有,头一年可以只申请广泛区域性的保护。过了一年,就必须选择特定区域一国一国个别申请。

3. 准备在哪些市场开卖,就从哪些市场先申请。

4. 专利申请,各有各的巧妙写法,而且可以分成不同板块来申请，应该与专业的专利律师研究清楚以后才决定如何说明。坊间多的是号称便宜的大众律师，你问他懂不懂专利申请，他当然说他懂。我看，还是小心一点选择的好。

5. 现在有许多靠买卖专利或居中专利掮客赚大钱的行号，他们的存在让很多人咬牙切齿。可是我觉得，有这样专利掮客的机构大行其道，完全合乎商业行为，带给另外很多企业先前无法顺利取得先进地位的机会。

智慧财产本身是可攻可守的工具

这些专利掮客是干什么的？

负面的，他们大量买得某些专利以后，就开始大肆搜索任何跟这些专利有关的新旧产品。只要有点蛛丝马迹，他们就立刻发函，威胁要举告上法庭。如果你是新创公司，本来以为你的产品与人家的专利八竿子打不着，结果一下子收到律师来函，总会心惊肉跳的吧？

这些专利掮客公司（也是专利买卖公司）所赚的钱，就是来自于吓唬你之后的调停收入（settlement）。专利掮客知道真正打官司会拖延很久，而大部分行号只想息事宁人，不希望真惹上麻烦，所以大部分案件都是以调停收场。想来掮客们的年收入或许很惊人的。

我另外首投的一家公司 MPS，因为他们太强了，股票上市当天收到四家大公司的律师来函，都威胁 MPS 专利侵权，其实是想让 MPA 不要在市场上太嚣张。MPS 这家公司的老板十分彪悍，公司虽小，对手再强，他也是一家一家反击。结果公司股价在每次反告胜诉以后就大涨，到了今天，反而拥有数十亿美金的市价。

由此可见，如果哪一天你被告了，可能就代表你够厉害够呛了，对手才会挑战你。恭喜恭喜！

早年的专利是用来做自我保护的，读者们现在会有一种感觉，这年头，市场行动讲求快速进入快速撒开，在最短的时间内铺天盖地，因此你并不希望自己只死守着专利，怕人家偷学去，而缓慢进入市场。现代的创业家会希望你的发明透过各种渠道迅速传播开来。所以，现代的专利就要当成一种互相有利的交易工具。

拿着自己的智慧财产沾沾自喜，不知快速运用（leverage）自己的专利，以现代一切要迅速冲量的观念来看，反而像是在抱残守缺。

1. 利用你高价值的专利建立合作伙伴以及在业界建立盟友。

2. 专利有期限，有些专利长久守着，可以席卷世界。有些专利，则特别适合用来交易与结盟。无论如何，在最短时间内自己大量发挥再加上授权伙伴与盟友，说不定有朝一日你的发明会是市场标准。

你认为什么是创新？

"创新"不就是要创造出与以前不同，比以前更好的东西？所以成功创业家一定强调自己拥有高门槛的超前区隔。

但是有了这些高门槛区隔之后（譬如拥有专利），你一定要在最短时间内当仁不让地占据最大块市场，这样你的专利区隔才获得最大意义。

所以说，专利或商业机密这类的智慧财产，不仅只是申请来摆在家里自己看着高兴的。要活用它！

3.5 决胜态度五　合作伙伴与业界联盟

赚大钱创业家知道要快速成功一定要有 leverage，借用外力来加速扩大，因此他们非常注重合作伙伴与联盟。

其他创业家觉得自己按部就班慢慢做，心中比较舒适踏实，更不用靠别人听别人？

我将创业团队的实力概括定义成两部分：

一部分是硬实力：团队成员的核心能力（包括相关经验、企业攸关学识、领导能力、技术开发能力等等），团队拥有的实际资源（包括资金、设备、资产等）。

另一部分则是软实力：团队在市场上的关系（销售渠道、合作伙伴 Partners、业界联盟 Alliances、成员本身的声誉、友谊……等等）。

这两者内外呼应相辅相成，缺一不可。

曾经有个我所投资的团队，为了一桩分红而成员们争辩得面红耳赤，在这个瓶颈中大家钻不过去，差点没闹到拆伙。我听了以后，就邀请一位该方面最专业的律师来解惑。

律师听了团队述说他们的问题以后，不到半小时，就沿线破解了所有的症结。于是团队又恢复了快乐的合作。

团队的瓶颈并非单纯简单的问题，但这位律师是我好友，我碰巧知道他是这方面的专家，一下子协助解决了公司问题。

这位律师是一个象征性的代表，也就是我们经常说的："碰巧遇见的一位贵人，协助我渡过难关。"

我另外有位好友李董事长。他多年前在硅谷创立了一家网络公司。

李董事长的个人名声很好，但这家新创公司做得其实不怎么样。当年的硅谷风起云涌，一天到晚都有公司没成立多久就被高价并购。李董事长的团队努力了一段时间以后，也想搭个顺风车，就邀请大公司来评估他们。

可是他们试来试去，好久都没有进展。

有一次李董事长在一场国际会议里认识了一家电话公司的美国董事，这位美国董事的层次与人脉都非常高远通达。李董事长十分机灵，就邀请这位电话公司高层进入他的新创公司担任董事。

美国董事进入新创网络公司的董事会没几个月，忽然有一天对我朋友李董说："全世界最大的网络公司总裁是我好友，为什么咱们不联络他来看看？"

于是世界最大的网络公司总裁来到小公司东瞧西瞧，然后和美国董事出去享用晚餐。听说那顿晚餐吃了几千美元，大概喝掉几瓶波尔多红酒吧？

第二天李董的新创公司就收到一份意向书（Offer Letter），全世界最大的网络公司想要收购他们。

再一个月后，这家新创公司就以美金 4.5 亿卖掉了。公司创立前后才不到一年半，严格说起来，东西都还没做出来呢！

这些新创企业因为在紧要关头遇见贵人，受贵人之助，因而得以有所突破。如此贵人，就是我们合作伙伴与业界联盟的最佳典范。

听起来好像在说，有如此贵人就一切轻松搞定？

读者们，我不会笨到在本书提倡凡事只靠关系。事实上，我非常讨厌只靠关系，一天到晚说自己认识这个名人认识那位大咖的。所以我特别喜欢一个在大陆流行的形容词，说那种吹牛自己关系多好的人叫做"忽悠"，实在描述得淋漓尽致。

【成功创业心灵银行　决胜态度 5.1：

赚大钱创业家凭自己的核心价值结盟交友，一切在互利双赢的基础上对等交换。

其他创业家四处去换名片，或者参加会议争先恐后照相留影，回到公司后沾沾自喜地说我谁都认识。】

所谓的"合作伙伴"（Partners），大多指的是你本身团队或公司成员以外可以共同合作互惠的人士或团队。这些朋友贵人成员可以包罗万象：

可以是你的律师会计师银行，到你的研究开发伙伴，上下游生产制造的外包商或零件供货商，以及你的海内外营销代理商。

也可以是下班后才来帮你打工到半夜的月光族，到投资你的天使与基金，更可以是崇高的董事会顾问或拉拔你的社会贤达业界大咖，这些都算是你荣辱与共的伙伴。

前段的两例已经告诉你，在对的时间遇见对的伙伴，会帮助你加速进步或提升武功。但这些贵人怎么来？又凭什么会愿意与你结盟协助你？我认为有几个原则：

1. 创业家本身要具有足够吸引人的内容与价值，才有可能建立长远合作关系。

没错，有些人可以凭借滔滔口才或舌灿莲花吸引他人注意，但若想建立长久合作，就非得有自己的核心价值作为交换不可。

一个世代以前，我在硅谷有两位朋友，一位姓刘一位姓李，他们都是硅谷湾区华人里头有名的包打听。想要知道谁或那家公司在做什么，他们都可以朗朗上口地告诉你。

记得当时还青涩稚嫩的我就特别羡慕这两个人，我会无知地以为"哎呀！他们好棒哦！这么厉害，谁都认识！"殊不知，他们这两人其实也只有"不用太努力，要靠认识大咖来将自己迅速摆到上流社会，然后鲤鱼跃龙门"的错误思维。

三四十年来，他们两位分别继续在"四处认识人"这件事上乐此不疲，在上海搞聚会沙龙，到台北与大企业家握手，硅谷的重要会议也经常看到他们忙碌地在收集名片。

三四十年前同期一起出道的友人，凭着执着苦干实干，今天许多都已是一方之主与企业领袖。而这两位当初算得上是人脉广阔的宝贝，今天还在一无所成地四处握手收集名片。

有好几次他们也到我的演讲会来向我要新的名片。**我当时就很有感触：时间是每个人的敌人，你一辈子在公关上浪费蹉跎掉的时间，没有人会还给你的！** 早知今日，何不当初就稳扎稳打做点实在的工作？

2. 想要有长远价值的合作关系，一定要建立在互惠双赢的基础上。

林肯总统说得好："You can fool all the people some of the time, and some of the people all the time, but you cannot fool all the people all the time."（你可以暂时欺骗所有人，或永久欺骗某些人，但你无法永久瞒骗所有人。）

创业家在企业生涯里，需要借助外力的时候太多了。如果永远以为自己最会精打细算：杀价不眨眼（不留人余地），待人不诚恳（以为对方傻），对伙伴吹毛求疵（对自己则宠幸有加），总是算计他人便宜自己（一生只知道拿取，不知互惠），这样子如何取得他人真心真意的合作？

问题就出在这儿。

会算计伙伴或占伙伴便宜的创业家，总以为自己比别人聪明（也就是似乎他的伙伴都很笨，都没有察觉我比他们多赚很多），更以为自己是上天给这个世界的恩赐，别人都应该来为我卖命，为我效劳？

其实天底下没有真正笨的合伙人，只有为了顾全大局而暂时装笨的伙伴。

当你洋洋得意地暗地占取合伙人利益的时候，他也心知肚明地看着等着。时间到了，时机成熟了，他就会将你这种人一脚踹开。所以培养良好的合作伙伴，千万不要抱有侥幸心态去占人家便宜。

我在硅谷最敬佩的就是我橡子园共同合伙人臧大化先生（David Tsang）。我七本书里头的每一本，都提到他作为模范。亚洲华人不见得听说过臧大化，因为他是一位非常低姿态谦虚为怀的智者。但硅谷的华人大多知道他是我们全体公认最值得尊敬的华人企业家。

臧大化在四十年里自己开创了四家上市公司（本身都是领导人），还在旁培养造就了更多位年轻成功企业家，我帮他算了算，由于有他加持而成功的企业，如果没有一百家，少说也超过五十家吧！

不过有一点臧大化与其他成功企业家的最大不同，就是四十年来在硅谷没有人说过他坏话，没有人觉得他有过任何对不起他人的事或任何不妥的事（至少我四十年来没听说过，而我的触角也是十分广泛的）。

这是怎么做到的？

我 1980 年就有幸与臧大化结为朋友。当时，我在一家世界第一的磁盘公司（SHUGART，后来它的老板又开了另一家叫做 SEAGATE，所有苹果手机都用这一家的磁盘）担任一个小小产品经理，而臧大化已经开创了第二家成功的 Data Technology 公司。我的部门采购他们的产品，因此有缘相识。

虽然我只是小小一个经理，但是臧大化始终如一善良公平地对待我以及我的上司。过了两年，我离职去尝试自己的创业，行前臧大化还打电话给我，嘘寒问暖问我他可以帮我什么忙？

这是将近四十年前久远的一通电话，可是我到今天还记得！

为什么？

因为我根本不是什么重要人物，打电话询问我好不好，压根儿对臧大化一点好处都没有。可他就是这样的一个人，不管对谁都诚恳地对待，而且长期如此，不会挑肥拣瘦或趋炎附势。

久而久之，大家都信任他，爱戴他。当然他的资源就会源源不断，而事业也一再地成功。我与他共同创办硅谷橡子园创投，十年内更向他学习了许多为人处世的态度。后来臧大化跨组餐饮业，成立了米其林等级的"亚历山大牛排馆"（Alexander's Steakhouse），好评如潮，生意兴隆，几年之内就扩张到中国、日本及台湾地区等地。

可以说，正是因为臧大化的为人，让他成为资源的焦点，以及点石成金的成功者!

3. 不需要有永远的嫌隙。和气真的会让你财源滚滚。

硅谷有位华人政治家,从很普通的行业起家,多年来就像花蝴蝶般地到处去攀龙附凤,取得他人资源换来自己的浮夸地位。但因为华人参政太少,选择不多,我们许多华人企业家就都出钱出力帮过这号人物。

我赞助过这位政治家多次,但有一两年我全面避开政治圈,就婉拒了赞助他。没想到这位政治家从此就像两面人般的前恭后倨,将自己装扮成不可一世的大老爷。对于支持他的人,他还是那一套流口水卑躬屈膝的姿态,对不支持他的人就白眼以对。

这种非必要的骄傲态度,创业家们千万别学习。

反过来,创业家们要记住一句话,山不转水转,世界虽大,常常也说冤家路窄。有一天你需要的资源,卡在被你看轻或抱有嫌隙的人手中,你怎么处理?

因为这个世界只有一样东西是常数,是永远的事实,就是这个世界"永远在变化""永远会起起伏伏充满变化"。今天你看轻的人,明天会变成你资源的源头。过去你讨厌的人,有一天会负责卡你的关。一个得意时就耀武扬威的人,会在自鸣得意的过程中流失资源,非常不可取。

"道不同不相为谋",是古来明训。但道不同,不用亲近就是了,是否一定要横眉竖目相对?人类需要跟和自己不同路的人生气吗?或事业上与自己唱反调的人就一定得是敌人?

说穿了,一切嫌隙源于"过多的自我"(Ego)。把自己看得太伟大了,才会有"对别人的嫌隙"这回事出现。

譬如一个国家的总统,选举时获得惊人的70%选票,他是不是立刻要开始厌恶那些不投他票的30%呢？不可能吧？

台北市市长柯文哲选举胜利，许多人喜欢，但也有一堆人不喜欢他批评他。柯市长能说，现在我得意了，我只为那些支持我的人服务，其他人都滚蛋搬出台北市好了？

创业家们请注意了。企业界与市场的风水轮流转，速度远比其他环境里更快速更剧烈！所以你还真得战战兢兢地待人有礼，尊敬对手。

更重要的，别再将你的自我（Ego）扩大，创业以前，先到你的心灵银行，将你无论是多厉害的伟大自我存入长期定存，甚至可以丢掉钥匙，不准备再领出来了。

【成功创业心灵银行　决胜态度5.2：

赚大钱创业家的思维主轴是要在最短的时间，以最小的资源，去获取最大的成就。

其他创业家的思维主轴，不敢开启门户合作，不愿与人分享，更觉得一切靠自己最稳当。】

很多读者与听众听过我自己创造的一句经典语言：

我问："创业家究竟每天在做什么？"

其实，创业家每天需要做的事，用这一句话可以完全概括：

创业家的工作就是："以有限的资源，追寻无限的理想。"

想一想，这句话是否有道理？

创业家的一切资源有限：时间有限、资金有限、人力智力有限、经验人脉有限……等等。

但是创业家又都同样拥有无限的理想（梦想、幻想、遐想、空想）。所以大家都需要凭借丁点有限的资源，去追求无限的理想。这就是为什么你一定要有合作伙伴与业界联盟的重大动机。

如果你是一个普通高中生,你想买一部1000元的电玩机器,但你只有200元,眼看买不到了。而这部机器限售,过几天就没得买了,怎么办?

如果你拼命去打工,等你拿到薪水,机器已经卖完。

最快的方法,就是另外邀请其他几位对这部电玩机有兴趣的同学,每个人出200元,凑足五个人,当天下午就去买了这部电玩机,玩得痛快又交朋友。

这就是"以有限的资源,追寻无限的理想"玩法之一。

但偏偏就有人不这样想。他们反而觉得:

"哼!我才不要跟别人分享这部电玩机,宁可自己玩不到,也绝对不让别人玩到。"两败俱伤,玉石俱焚。

"唉!钱不够,显然这不是我的层次可以玩得起的游戏……"妄自菲薄,以退为进。

"算了,买不起就买不起,这玩意儿有什么了不起!老子可以找别的游戏玩。"自我安慰,自圆其说。

结果是什么?

结果就是你跟过往一样,只能在旁边空想,等到机会错过,才又顿脚兴叹,哎呀!我怎么又错过机会了!

这是人生非常现实残酷的一面。

如果你是新的创业家,你的资源一定没有别人多,若要全凭你的稀薄资源去抢所有的机会,你一定抢不过人家。

人要等机会,但机会是不等人的。

虽然我常强调,机会天天都有,而且满地都是,但你总得有方法才能捕抓取得,不是吗?这时候最确定的方法就是结合

伙伴众人的力量，众志成城地拿下机会，然后分工合作。

这句话又是什么意思？

它就是"有钱大家赚"！

创业家们，我提供我自己常常鼓励其他创业家的三句话来分享：

1. 你可能是独自一人，但你不需要像一个孤岛般地创业。天底下没有理由凡事一定得由你一个人来解决？我常说（大陆报纸二十年前就引用了），创业最好的方式就是"打群架"！

2. 你自己或许资源薄弱有限，但总不能坐以待毙？没有理由你会完全也没有可以合作的朋友或伙伴。当他们知道可以与你合作一起赚钱的时候，有些人会拒绝，但总有些人会参加（除非你是个恶名昭彰有前科的骗徒）。

3. 最后一句话最简单，也最重要："不要迷信自己，有需要，就找人帮忙吧！"多多练习开口请人帮忙，不要死守毫无意义的面子（爱面子的创业家，得到了面子，最终输了场子）。

3.6 决胜态度六 投资人与好股东

赚大钱创业家了解财务健全（拥有足够的资金）是公司的命脉，就像人类必须随时拥有充足的血液。所以创业家尊重投资人与股东，千万不能失血。

其他创业家觉得投资人与股东好啰唆，一天到晚问东问西，有没有什么好方法可以只拿投资钱，而不要股东？

这一章节就是所有创业家在初创时期最焦虑的题目了。

就是这三大疑问：

如何募资？

如何与投资人联系，引起他们注意？

为什么投资人不愿意投资我的项目（而投资其他好像也不怎么样的）？

另外，募到资金以后，该如何处理股东关系？

这几个题目，欢迎你们阅读我另外一本畅销书《天使投资——四十年投资告白》，内中有非常详细的分析，完全解答了以上三大疑问以及日后如何处理劳资双方关系。

【成功创业心灵银行　决胜态度 6.1：

顺利募得资金的创业家，除了本身够强以外，还知道先了解与尊重投资人的喜恶与追求，更会让投资人在过程中了解你团队的可信。

无法募得资金的创业家，总是忙着告诉大家他有多棒。这项努力没有不对，但其他千百位同时在街上募资的创业家也都这么说。】

巧妇难为无米之炊，创业家纵有睥睨一世的主意，如果没有资金，那就很难开动起步，更甭谈如何去实现自己的美梦。

所以大部分创业家都同意，主意可以自己想，计划可以自己做，团队可以自己找，但资金可就不见得自己想怎样就怎样了。

事实上，当你完成计划书的制作，脱离踌躇自满的内心世界而开始寻找资金的那一刻，就是你得面对现实的第一步，以及面对排山倒海而来的批评与拒绝之开端。

这里我不再重复募资的基本知识：譬如寻找投资的顺序，开始一穷二白时要找天使投资人，有模有样后要寻找风投基金，成长时就得有更大钱的基金或私募基金来与你相亲。这些已经不再是学问，反而有点是过度的显学。

请容许我以资深天使投资人的身份，针对几个重大纲目提供意见，然后我希望将前面的三大疑问反向导入为两个题目：

1. 投资人为什么会喜欢某些案子，而不喜欢某些案子？进一步说，投资人喜欢什么样的创业家？

2. 如何让投资人在数以万计的计划书里头看中你（尤其这些计划书雷同的居多）？当大家都差不多的时候，为什么你可以脱颖而出？

我过去二十余年在各种论述里头都讲过创业家该注意的18大项。虽然这是我一直以来的论述，但我也认为这是历久弥新的创新创业原则。

投资人始终在意、用来评估而且绝对放诸四海皆准的18大原则（这18大项不会同时发生，创业团队更不可能一开始就全部拥有，但一定要有某几个项目特别强，特别突出）：

1. 有无良好完整的成熟经营团队（Management Team）？
2. 有无与众不同而居于领先的知识能力（Core Competence）？
3. 对市场是否有踏实而足够的认识？所向往的市场是否处在初生期或成长期（High Growth Market）？
4. 是否一窝蜂追逐时尚随波逐流（Momentum Chasing）？
5. 有无知识产权或产品的智慧财产（Intellectual Property）？
6. 企划中的产品或服务是否拥有很高的入门门槛（Entry Barrier）？
7. 对台面上、隐藏中的竞争者（Competition）有无充分的了解？
8. 知道自己在市场上，依长处而取决的区隔定位（Position）吗？
9. 有无完整的三至五年计划书（Business Plan）及有无完整的三至五年财务分析报表？
10. 是否能筹募完整足够的创业资金（Sufficient Funds）？尤其在泡沫破灭之后如何募款更是难题？
11. 投资股东有附加价值吗（Value Added）？
12. 经营团队与投资股东享有良好互补关系（Investor Relationship）吗？它将影响股东未来与你一路跟进（Follow Up Investment）的支撑力？
13. 主要领导者的人格质量与灵活坚忍性（Leadership）？有无能力强的执行长（CEO）对企业的影响成败至大。

14. 公司的整体文化（Corporate Culture）为何？撇开八股教条与文宣，公司整体是否具有共体时艰的内在文化？

15. 这个企业能吸引到足够的伙伴与联盟（Partners & Alliances）吗？

16. 团队有市场开发能力（Business Development）吗？

17. 公司的远景与愿景（Vision）是永续经营（Build to Last）还是昙花一现（Build to Flop）？

18. 最终的最伟大隽永的价值，你是否取得了内外大众的信任（Trust）？

【成功创业心灵银行　决胜态度6.2：

顺利募得资金的创业家，过程中让投资人深入看透他对投资案无怨无悔的承诺。

无法募得资金的创业家，过程中千方百计讨喜投资人，但对自己提案的决心则被看穿像绣花枕头。】

现在我举几个我亲自多次聆听过的创业家说辞。读者们自己评估，如果你是投资人，这是必胜招呢？还是大败招？

"林先生，我们这个计划案并不需要很多钱，只要先给我们三十万或五十万让我们开始就好了。"

——创业家以为，如果募资计划说资金只要拿少一点钱，那么就可能比较容易过关？其实这是极大的错误。

资金拿多拿少，不是自己说了算。资金规划，尤其在初创时段的现金流是最重要的衡量机制。怎么可以为了讨喜而说拿少一点？

创业计划如果缺乏足够的资金规划，反而让投资人警觉担心。因为不足的资金代表先行投入的钱，很快就会花光而变成炮灰。投资人希望扮演"勇士"，而不希望太早变成"烈士"。

> "林老师，如果你们有兴趣，我们可以配合你，将公司估值做低一点，这样子你们会比较愿意投资？"

——读者们可能很惊讶，居然有创业家这么说？我告诉你，不在少数呢！这种说辞，有一点看贬投资人。

不过确实也有不少缺乏真本事的投资基金经理，他们听完公司介绍，就只会与你争辩为何估值高或应该如何估值。

我及我橡子园的合伙人陈五福、臧大化、龚行宪等人，从来不会在检视创业计划的前几回合就讨论任何估值。因为如果我们尚未确定你是否有价值，我们根本还不知道你的底细时，讨论价格就是一种不了解计划内容的虚张声势与集体浪费时间。

会投资你，是因为看中你的好。不会因为虽然看不中，却因为你便宜降价而投资的。

> "林董，如果你们天使集团进场投资，我们会邀请你进入公司担任董事。希望你协助我们让此案通过。"

——这一招是很有用的招数，使用方式也五花八门。说白了，董事会的功能之一，本就应该是资源提供的整合。但在不正确的时刻提出类似的说辞，变成塞红包，可能只有急功近利的投资人才会陷入。

我自己就亲眼看过投资经理利用他的投资身份，硬将自己挤进创业团队变成共同创办人，拿到一堆创始人股份。这是利用基金整体的力量为自己谋福利，吃相实在难看。

这样起头的新创公司会好吗？果然，后来这位自己插足拿到创办人股份的投资经理，看到这家公司表现不良，又立刻脚底抹油比任何人都先溜走，留下烂摊子让别人去处理善后。

错误地使用资源，变成浪费资源，最终是两输。

"Bob，我对创业已经想了一生，对目前这项计划也是信心满满，我无论如何都会咬牙踏出去做到底。……不过，如果我不能拿到足够的资金给自己充裕的薪水，我就先不离开目前的工作……"

——这恐怕是我听过最多的"感性发言"。

创业家想表现自己如何地有决心，说了许多让投资人心动的话。但同时却又说，除非我可以维持眼前的锦衣玉食，否则我不创业的。

现在我就可以告诉大家，"创业"必然有它一定的牺牲与一定的赌注。如果想风光地创业，又想一点牺牲都不要，那就好像一个前往战场的军人，说他非常愿意到前线抛头颅洒热血，可是他要求一定要给他与后方相同的安全与舒适保障。

听久了，就知道这位创投者的色厉内荏。如此心态是经不起风雨飘摇考验的。

【成功创业心灵银行　决胜态度6.3：
赚大钱创业家善用股东的力量。
其他创业家与股东斗起来了。】

创业家取得资金以后，那些提供资金的贵人就变成了你的股东。

股东拿资金给你以后，理所当然会希望知道你在干什么？做得好不好？有没有十足的进步？这样就会有企业家与股东之间认知的落差。

有附加价值的股东（smart money；value-added investors）不会只问你问题，如果你有问题，他还会来帮你解决问题。

普通水平的股东（dumb money）拼命问你问题，因为他提供了你一点资金，就以为你应变成他的工人或部下。

所以，创业家如何与投资人股东相处，重要原则大概有这几个：

1. 募资的时候，尽量只接受有智慧的资金（smart money），特别是可以投资你，还可以帮助你提供资源（教育、经验、关系、人脉等）的贵人。（当然有时候创业家没得挑）

——我说过一个很不好玩的真实故事。多年前我邀请数字天使投资人一块儿投资一个案子，四年之后卖掉。在那期间，出大钱的投资人没有一位联络过创业家。反而只有一位出资最少的人，几乎每隔一阵子就跑到公司对创业家指指点点，有时候还咆哮呢！我把这样的投资人叫做"过干瘾"，因为他们可能平常在社会上或工作场所是吃瘪的，好不容易沾上边居然变成人家的股东，就将平日的挫折转移到这位可怜的创业家身上，过过老板瘾。

2. 投资人股东，其实就是你最亲近的伙伴与资源。因为只有他们是真正与你荣辱与共的。所以不但要与股东和睦相处，还要想办法吸收股东们的资源。

——我常为创业家免费上课。我形容自己，如果只是教教创业者，给给意见，那么我只能算是陪他洗头。但我如果除了指点他之外，还投入自己的资金，那我就算是陪他洗澡，全身都泡进去了。我另外喜欢与创业家打趣，说他们找到我投资，是"人财两得"。而我呢？当然就是"人财两失"（直到公司成功退出为止)。

3. 如果经营团队与股东的关系不好,那么原本应该是最大的助力,就立刻转为经营团队最可怕的梦魇。创业家并不需要凡事对股东委曲求全,只要在权责范围内该做的都去做,不要刻意与股东作对(当然,也有不讲理的股东),就可以和气生财了。

——除非是小公司,不然股东不会只有一两位。经营团队不需要伺候股东,而且投资合约与公司章程里头有一定的股东权益条款,按照规章来玩就是。如果某些股东坚持要逾越权限过度伸张(这其实经常发生的。譬如有些股东就会不喜欢执行长,或者不喜欢团队某些作为,于是便触发了双方大战),经营团队可以找其他有力的股东提供合理的协助,对不合理的股东给予必要的平衡及限制。

【成功创业心灵银行　决胜态度6.4:

赚大钱创业家善用董事会,因为他们知道董事会是公司力量的主要源泉。

其他创业家随便将董事席位给了好友或同仁。到后来,真正能够提供力量的贵人反而没有席位进入了。】

董事会这个公司最高的法定单位,其实对每一家公司都是万分重要的,可惜绝大多数刚出道还稚嫩的创业家都不理解这个要点。

董事会的产生是从股东与经营团队中选出最具有代表性的成员来进入。通常股东代表,要不就是出资较多的天使或基金代表人,要不就是德高望重得到大家肯定的人选。等公司股票上市以后,为了配合财务与事务透明化,公司法律明文规定还需要有多位独立董事进入。

偏偏有不少非常优秀的创业家在这件重大事项上一开始就搞砸了。

譬如我最近正在评估一家新创生物科技公司，我很欣赏他们的创办人，也认可他们的产品。不过创办人在正式首轮投资进入之前，竟然已经组成了一个四位董事的董事会。

这件事有什么错？其错不大，但原本应该可以避免的。

这位很优秀的生物科学家，一开始就将自己两位创办人摆进董事会，这是正常的，虽然通常我会建议先从 CEO 开始就可以，不要一开始就全量封爵封冠。

然后他募得一些初期的种子投资，又让两位投资人进入董事会。其中一位无可厚非，因为他是主要的投资人，而且有些社会知名度。但另外一位只提供少量资金，又缺乏丰沛企业经验的人士也给摆进来了，我就不很理解。

为什么这么说？

第一，请神容易送神难，给比较无关紧要的投资人一个重要的董事席位，将来必须拿回来的时候，可不是那么容易的一件事了。谁愿当坏人去赶走人家坐得好好的位子？如果这位董事坚持不让，他甚至可以制造一些风浪的。

第二，这下好了，公司进入第一轮的募款，需要好几百万美金的大金额。有两家风投基金决定进入，他们看过了公司目前结构，就要求说：既然前面投资几十万就有两位董事代表，他们这两家投资数百万美金的基金，当然也必须各自派代表进入董事会。也就是说，才刚开始进入首轮投资，这家小企业就已经有六位董事。

第三，我估计，这家公司从首轮到未来成功上市，至少还要有三轮新投资，而且金额需求都很大。以此类推，将来需求数千万美金的三轮投资，都会要求同等待遇，因此还得再增加六到八位董事。

一家还未上市的公司，就有十几位董事，执行长还有时间有力量办事吗？光是与这十几位董事们沟通报告，就已经累死你了。而且不同轮次的董事，看法与需求都不同，执行者若要推动工作，又得花老半天时间去搓汤圆才能够妥善推动。

而且，一般董事们只要进入董事会之后（尤其是特定基金代表），除非他们有自己的特殊原因，不然很少人会愿意自己退出而拱手让别人留下来。董事会里头的成员，个个都颇有来头，为什么得要我出局而别人继续留下来？又有谁愿意无厘头地得罪任何人？

读者们想一想，创业家在初期草率建立董事会，糊里糊涂为自己弄了个错误的范例，后头变成尾大不掉，不等于是自找麻烦吗？何苦啊？

无论是投资人、股东还是董事，都是公司的重要资源，创业家们得从一开始就妥善经营，好好建立互相尊重互相配合的关系。

如果与资方的关系不好，硬将原本属于自己的好资源弄僵搞坏，好朋友转成内部敌人。等于是将外部打不完的战线，无限延长拉回到家里面来打。而且，经营团队与股东或董事开战，不会有真正输赢的。就算某一方打赢了，其实还是双输，对公司一点好处都没有。

所以好好珍惜自己现有的资源吧！

3.7　决胜态度七　促进营销与开发市场

赚大钱创业家带着公司关键人员带头销售，全世界跑。

其他创业家说他是高贵的创业家也是高管，卖东西不是他的责任。多雇几位销售人员，交给他们就搞定了。

不晓得为什么，许多创业家有种根深蒂固的观念：我只要将公司组织好，产品做好，将来销售目标就由营销部门去负责达成就好了。他们甚至对自己必须抛头露面到外面去推销的想法十分抗拒。

这是一个误导，更是个似是而非的错误态度。

我在多次创业训练课程里，就特别强调，创业家本身应该投入初创时期的营销推广。

也许未来你的企业够大，分工效率够好，你得到的市场信息层次也够高，那么届时你或许可以退居后线。但纵使公司规模庞大，在关键时刻，重大客户最好还是要有领导者出面。初创时期，创业家本人就应该是最佳销售人员。

我尝试分析一般创业家抗拒自己参与销售的错误态度：

1. 创业家中有很多是工程师、科学家，或其他行业专业人员。他们多在自己领域专业有成，都是对自己专业很有把握与信心的专家。但他们过去服务的企业里，总将公司工作结构以"内外二分法"分隔开：内部是研发制造，外部是营销推广。久而久之，这些自己定位为内部的职员，就觉得外部的营销事务关他何事？

2. 事实上，许多人错误地认为销售工作是那些缺乏专业专长的人，没办法才去做的。换句话说，很早以来，就有人认为在公司里舒适地办公远比到外头抛头露面敲门销售要高级得多？的确，到今天还有不少企业主错误地认为销售人员不需要什么资格？他们说，我用营销人员，只要脸皮厚，能跟客户拼酒，能够四处钻洞开门我就用？

3. 说穿了：**专业创业家自认只需将内部工作做好，不需自己去跑市场或挖掘新客户，那是因为他们害怕**！我本人在市场部门任职过，也跑过业务多年，知道许多人一听到"跑业务"，就想象成必须向不认识的人低声下气，必须打电话给很可能立刻生气挂电话的买主，必须拿自己东西对外吹嘘的工作。于是他们说，这跟他们的专业形象不符。其实，他们内心更害怕！他们害怕自己一走出去，就得四处吃闭门羹，到处被拒绝？

时至今日，"营销是比较低下的工作，让没专业知识的人去做就好"早已是一个可笑的古老迂腐态度。

【成功创业心灵银行　决胜态度7.1：

赚大钱创业家特别尊重市场开发与营销这件事，也分外珍惜有全盘营销能力的团队成员，更会一起参与营销策略拟定以及重大营销工作。

其他创业家对待营销部门，是以"鸵鸟将头埋在沙堆里头"的态度对待。我订定一个大数目，然后交给你营销

配额，你就得扛起营销额度去外边拿回订单，做到配额。】

我要彻底革命，改变所有创业家对"营销"的误解曲解。

在那之前，我们先要破题：

"营销"究竟是什么？

大部分人会回答，"帮我把东西卖出去"就是"营销"。如此回答时，他心中想的大概是：

百货店紧迫盯人的销售员，巴不得三分钟内你就买三件衣服？害你连安静地看看摸摸、轻松逛逛都不行。

是非常令人讨厌的沿门兜售售货员，到每个人家门口按铃，想躲还躲不掉？下次你就拒绝开门了。

是那在酒店陪客户喝酒到深夜，然后醉醺醺地跌跌撞撞回家（电视剧里头的销售人员，长的都是这个模样）。于是你教孩子，长大后不准当营销人员。

这些描述都没错，但那只是最狭窄最肤浅的"营销"定义。

对现代创业家而言，今天这个世界讲究的是要迅速快捷，在最短的时间里将你创业制造的产品向全世界推出，以最高的效率将你优良的服务在全世界铺天盖地。这要怎么做到？

不就是要有强大的营销力量？

谁是今日世界最厉害的营销模范？我举几个你意想不到的例子：

我首先推荐世界第一的售货员，叫做史蒂夫·乔布斯（Steve Jobs），以前苹果公司的大老板。

全世界数亿的老老少少苹果迷，透过荧光幕与报章杂志看到乔布斯的时候，他都在做什么？

他是不是都站在台上兴高采烈地描述苹果产品有多好多棒？他是不是都在信心十足地向媒体述说苹果公司是何等地伟大？

乔布斯在做什么？

他就是在"营销"！而且是最高档次的营销！

同样例子，看看亚洲新名人阿里巴巴的马云，这几年他在媒体上曝光的比率太高了。你听到或读到马云的讯息时，他都在做什么？

他是不是都在说阿里巴巴未来的远景如何的恢弘广大？他是不是在叙述他对互联网市场的看法以及阿里巴巴在里头举足轻重的角色？

马云在做什么？

他就是在"营销"！

马云也常常评论年轻人创业，讲述他的企业理念，更在国际高端论坛阐述他对国际事务的高瞻远瞩。这些又是什么？

有人说是公关，有人说是自我宣传，更有人说他是昏了头以为自己是世界领袖。但你觉不觉得，当他本人与他的企业知名度达到某个程度时，这就是"企业个人化""个人企业化"的完美捆绑，最新式的全方位营销？

君不见，在教堂里阐述神的恩典，

在寺庙里诵念神的福祉，

在竞选会场大声疾呼自己的政见，

在教室里解说某种理念或某种知识，

……

他们虽是各行各业不同角色，但这些行为不过就是"营销"的不同面目罢了。他们的行为或许比较高端，或许比较广泛，但他们的功能和卖场里头解说衣服质料，讲解电炉省电功能的销售人员是完全一样的。

当然，乔布斯、马云、牧师神父、佛堂师父、竞选时的议员或总统，他们都拥有更宽广的功能与责任。可是非常明显的，透过营销行为来执行任务，达到目标，是他们绝对必要的日常工作之一。

所有创业家们，那些世界顶尖的创业成功者都在这样做。舜何人也，禹何人也，有为者亦若是！你当然也可以。那么"营销"怎会不是你的重大任务！

【成功创业心灵银行　决胜态度7.2：

赚大钱创业家必然也是全方位销售专家。

其他创业家以为拜访拜访客户，或客户来访的时候握握手说哈罗就是参与营销？】

真的要告诉创业家们，对像我这样的投资人，我们还真特别感激有营销能力的创业家呢！

你以为创业者来到我的办公室，以宝贵的三四十分钟为我讲解他的计划时，他在做什么？他希望达成什么？

他当然也是在做营销。

创业者当然想达成对我卖出他的理念，卖出他的想法；更重要的，卖出他这个人的可信度与将来性！

创业者希望在三四十分钟内，将他的可信度与他潜藏的能力及魄力全数卖给我。我还真经常被这样的能力魄力震撼了呢！

这些创业者以为他们是来做一件事叫做"募资"，或说是"找钱"，但其实他们所有的时间都在不断地促销，使尽浑身解数地在卖。

有些人卖得动，却有更多人卖不动！

咱们打开天窗说亮话：你募不到资金，就是你的理念与想法没有被接受。

更残酷一点说，人家不投资你，其中一个大原因就是你这个人未被接受。

如果连最有价值的自己都卖不出去，怎么卖你的产品或服务？

所以大家知道了，营销行为，并非只有在卖东西拿订单的时候才算是。

事实上，创业家整个创业过程与将来成长，都是永远不歇的连续营销行为。我把它叫做"全方位营销"。

今日世界的"全方位营销"模式与昔日不大一样，大概有这四大特点：

1. 无时无刻不在营销（或被营销）

——早晨起床，打开电视，就接受营销了。在车上听收音机里头的营销，看报纸也都是营销。路上遇见人会互问"最近在忙什么？"说说自己这阵子在忙什么，于是展开另一种营销。到了公司，对上对下都要八小时以上的营销推动工作。中午吃饭，餐厅经理告诉你今天来了什么特别海鲜有什么特别料理，都是营销。晚上回家途中去市场买点小菜，也是看到五花八门的营销。就连睡觉前喝杯牛奶，也是听说这个牌子的牛奶特别好才买的。

创业者就得如此，每时每刻都在抓住机会营销，因为你不晓得什么时候会碰上机会。我经常参加晚宴，好几次坐在我旁边的绅士正好是某家公司的执行长，从事的行业刚好与我投资团队的产品互补，于是我就可以非常轻松自如地与他谈上几个小时。

不是我故意要在饭桌上烦人，而是上天正好安排我们有缘坐在一起，平常我要见这位先生说不定还得预约，后者只能几分钟谈话，现在却可以完全自然地互相聊聊自己在做的东西。果然，后来两家公司结为十分紧密的盟友。

2. 无孔不入，处处都可以营销

——我二十年来在全世界演讲超过500场，每次都必须在前五分钟就立刻抓住大家的注意力，不然过一会儿就失去听众了。所以每到一个新地方的演说，都是瞬间开始就得强力营销。

我们创投界流行一个营销试金石，叫做"电梯间简介"（Elevator Speech）。

我经常担任 Elevator Speech 创业竞赛的评审。大会安排了十几二十个创业团队，每一团队给三或五分钟，你必须在那短短时间内将你的精彩计划说清楚。就假想你在电梯间遇见一个大客户老板，这千载难逢的天赐良机（你心中当然希望是从第1层楼搭到第101层，好延长时间），你当然全力以赴。

如果一个小小电梯间都能够营销，何况其他任何地点？

3. 举手投足都是营销

——前段引用的乔布斯与马云，都属于这种高段位的营销。他们举手投足都是营销，句句箴言，步步到位，公司的理念与特质已经与他们合二为一，也就是我们所谓的"天人合一"。

其实每位创业家都可以达到这个境界。像鸿海富士康的老板郭台铭就是个中翘楚。我看他昨天在迪拜参加会议，今天在美国德州签约，明天到日本与夏普谈判。他能够到处跑与有体力全球跑不是重点，重点是大家可以清楚明白看见郭先生乐此不疲，越干越有劲！果然郭董到了任何地方讲任何话，不管对错，都锵锵有声！

另一位好友曹安邦，是亚洲网络品牌公司友讯（D-Link）十多年来的执行长。过去他负责如此庞大业务，每年365天据说有300天以上在全世界拜访客户。此处再次强调，我也不是在说他一年到头这样子跑有多了不起，对身体与家庭都有所牺牲。但是我与曹兄沟通时，听他讲到全世界交朋友。现在，只要他推出任何产品，全世界有一百多个国家的精英代理商都在等着与他合作。

像郭先生、曹先生这样的业界翘楚，早已度过了"匠气营销"的层次。他们都是"真气营销"！他们只要凭借自己的真情，自己内存大信心，自己对公司与产品理念的热爱，就会举手投足自然发散出热力。这就是营销的极致！

【成功创业心灵银行　决胜态度7.3：

赚大钱创业家最在意市场开发，他会用营销平台不断接触与学习市场新知，与时俱进。他认为要不就走在市场前头，再差也得跟得上趋势。而其他踌躇满志者只有等待毁灭。

其他创业家觉得自己费尽九牛二虎之力得到产品成功，已经可以翘脚捻须当龙头。殊不知，市场变化风起云涌，不与市场同步，就只有退步。】

创业家经常参与营销活动，还有一个最大的红利（Bonus），你们猜是什么？

一个与市场越接近的企业家，一个经常与客户更近距离接触的公司领导，一定对市场变化了解更深，也更跟得上市场潮流。

反之，一个留守在公司里头的执行长，或许能将员工像练兵般地操练成纪律优良的部队。但当他自己缺乏市场近距离接触，没有近距离理解客户的痛苦与抱怨，他很有可能做出违背潮流的决策，以及做出背离市场需求的选择。

所以我建议创业家们，从现在起就养成不断接触市场、不停地学习市场新知的好态度。

过去常有创业家问我，他们很多东西都不懂，将来还要领导团队，开发市场，有些担心哪？怎么办？

我的回答是：你以为乔布斯创办苹果公司的时候，就什么都懂，什么都会吗？

你以为比尔·盖茨创办微软的时候，就是一个什么都清楚的世界级领袖吗？

答案："当然不是。"

观察世界上最成功白手起家的企业家，你会发现，这些成功创业家有几个成长的方式：

1. 他们一定都从市场学习。

——苹果的乔布斯原先搞计算机的，麦肯塔计算机就是他与 IBM 对抗的杰作。但是他一直都泡在市场前端，嗅觉特别敏锐，不会只停留在个人计算机领域里自我满足。"随身听"在市场上再度风行时，乔布斯带领公司推出 iPod，从此一统市场天下。之后的 iPhone 与 iPad 也都是从市场上得到信息后，才推出战胜对手的新时代产品。

2. 他们都用"打带跑"的方式快速成长。

——绝大多数创业家在创业初期都只有自己的专业知识与经验,所以对未来战战兢兢,有所担忧。但是他们只要能够不断学习,像一块大海绵般从周遭一切事物与知识中大量吸取养分,就会随着事业成长得到自我成长。

棒球赛里有所谓的"打带跑",描述的是打击手在本垒将球打出之前,在一二垒的通兑攻击球员就拼命向前冲,不管本来打击手打出来的球是好是坏。这就是加速成长的方式,你不能等看清击球好坏才起步。

如果有创业家说,我开了公司,想去读夜间学校再加强学习。我不反对。

但我会告诉他,你从身边创业的百废待举中,就可以迅速学到更多的知识与经验。最好的方法就是一边做一边快速学习!

3. 他们会在自己周围聘请比自己强的人。

——有了打带跑的学习精神,聪明的创业家就会尽量聘雇业界高手到他身边。一方面协助公司加速成长,一方面他在旁边观察学习,等于有一群人每天为他醍醐灌顶。

本书前面说到某家新创公司稚嫩青涩的创业家聘雇了比他更没有经验的人担任分公司负责人,又聘请了毫无经验也缺乏专业知识的女朋友担任营运长。在自己的周围摆放了一堆跟他差不多的人,从何学习起?还不就是落到我常说的"半瞎带全瞎"。自以为几个人瞎子摸象,一个摸脚,一个摸肚子,一个摸鼻子,就以为全都摸懂摸通了?却不知道已经落入"弱加弱,只会变更弱"的自我陶醉阶段。

所以,拜托拜托,除非你自己已经是身经百战的创业家,不然多请请高人，多向高人学习。

4. 他们一定不断学习。

——这就不用再多说了。了解市场，必须靠学习。要有在市场寻求突破的眼光与远见，也要靠学习。与对手竞争，更要天天紧张地学习。

刚去世的全球最大半导体公司英特尔 INTEL 前执行长安迪·格罗夫（Andy Grove）就写过一本经典畅销书：《忧心忡忡者得以生存》（*Only The Paranoid Survive*），讲的就是这个道理。

你必须为公司的存亡旦夕惊忧，可是光在那儿心惊肉跳也不行啊？最有效的方法就是开始每天学习，每天吸收新知识，每天搞清楚市场的动静变化。不久你就凡事走在对手前面，成为业界的大师。那么我保证你没过多久就换成别人要每天担心的你喽！

3.8 决胜态度八 机会与运气这两样东西

赚大钱创业家认为每天都是新机会。就像美国总统托马斯·杰弗逊所说的,当他越努力的时候,他的运气也就越好。

其他创业家则酸溜溜地说,唉!某某人运气真好,每次最好的机会都落到他头上。

"机会"与"运气"是两个我经常论述的题目。

在上一本书《天使投资告白》里,我也针对这两样东西做了深度的分享。

对有心创业的人来说,"机会"与"运气"这两样东西,可以说是大家以讹传讹,却又挥之不去的魔咒。

可不是吗?

你同学的公司有一天股票上了市,轰动股市,他当然也赚了不晓得多少桶金。于是还在上班的你,就有些难过地问自己:"哇!这家伙怎么运气这么好?以前作业还抄我的,现在怎么一下子变成亿万富翁了?"

你以前的邻居不久前搬到最高贵的豪宅。有一天他的故事竟然出现在《财富杂志》的封面上,大家惊为天人,左邻右舍争相传阅。还住在老邻舍的你,也有点不痛快地自我唠叨:

"咦？他凭什么？以前这附近就我的工作最好，薪水最高，怎么一下子这人就变成街坊的新英雄啦？"

看别人成功，说人家机会多，运气好。

自己没发展，怪自己怀才不遇，没碰上机会，也没有好运。

真是这样子吗？

其实，大家躲在似是而非的理由与借口后面已经太久了。

【成功创业心灵银行　决胜态度 8.1：

赚大钱创业家早已抛弃了任何可以理所当然使用的失败理由。他面对自己，承担所有成败责任。

其他创业家则一方面期盼成功赚大钱，另一方面却又保留所有失败的理由与借口。他嘴巴说承担一切责任，但却将所有不顺利归罪于他人与环境。】

今天开始，我鼓励所有读者抛弃任何你可以使用的理由。

今天开始，你心中只有成功。

如果你曾经有过些许挫败，请注意，那不叫失败，那只是暂时的挫折。

既然只是挫折，你就可以一试再试，直到你成功为止。

或者说，请继续一试再试，直到你完全放弃为止。在你完全放弃的那一刻，你才完全失败。

今天开始，请大家忠实地面对自己。无论结果如何，请今天就毫不迟疑地开始努力。

做得成，是你本人利害。

做不成，则简单地说是你本人努力不够，没有任何其他理由。

事实上，你可以为自己圆场的理由太多了：全世界最常被引用的理由：时机不对，资金不足，运气不好，市场不佳（有时候还加上用人不当）。你可以随时随地使用，用完后大言不惭地告诉众人，其实我好棒，只是客观条件太差了。

这四个举世闻名的圆场脱罪理由，谁都可以使用，谁都可以振振有词地使用，然后面不改色、理所当然地回去继续做你的清秋大梦！

可是，这里头有个大问题，完全不合乎逻辑的问题。

因为在同样时间同样环境同样条件之下，有些创业家就是持续不断地成功，而且辉煌灿烂地成功。他们跟你的背景类似，与你的努力相当（创业路上，没有人会故意不努力的），在同样的环境与条件下，他们大放异彩，你则黯然失色？

假如创业成功这件事在世界舞台也有年度《成功创业奥斯卡金像奖说明》，那么那些创业成功的企业家，领奖时大概就会说感谢的话。

他们感恩的内容不外乎感恩家人、团队、帮助过团队的贵人、所有股东董事，以及所有客户。已经成功了，就不需要再白费口舌。

但那些没能得奖的人，看人家意气风发，他们则在旁边继续埋怨运气不好与机会不多，不然他们还能说什么？

满腔抱负，但一辈子没能成事的朋友，这些人一辈子总是满肚子酸溜溜的不平。你问他们，既然你认为你的大本事比那些现在台面上的胜利者还强，为什么不是你成功呢？

哈！他们自我解嘲、自圆其说的理由可多着呢！

我过去四十年长期投资，听说过各种各样的失败理由。

很多听众喜欢我演讲里综合的"失败时最常使用的理由"，每次他们都听得哄堂大笑。

太阳底下无新事，你想得出来的失败理由，别人早就用过。

如果你认为你失败的理由绝对是独一无二，我猜想，可能也就是这些理由的混合演变吧？

读者们，咱们来一边读一边笑话吧：

> 一定都有的四大失败理由：经济不好 运气不佳 市场不良 时机不对
>
> 怪罪市场的失败理由：市场好但我们太早 市场好但我们太晚 市场上竞争对手太多 竞争对手太强 竞争对手小但太会抢 竞争对手太卑鄙
>
> 怪罪团队或伙伴的失败理由：成本太高 价钱太低 供货商配合不够 供货商老出问题 客户不配合 客户太苛刻 客户老出问题
>
> 怪罪产品或技术的失败理由：产品周期太短 开发时间太长 开发时间不够 开发费用太高 产品老跟不上 产品老不符合需求 产品老出问题 技术太落后 技术太新未被接受
>
> 怪罪法律与智财的失败理由：智财不足 智财侵权挨告了 得告人了 官司费用太损耗了
>
> 怪罪营销与渠道的失败理由：营销不够努力 销售渠道老不配合 销售人员只肯卖简单的东西 库存不足 库

存太多　库存过时　库存不是客户要的　研发总做客户不要的东西　销售只会抱怨我们没有的而不卖我们现有的

怪罪资金与财务的失败理由：资金不够　资金够但都被别人用到错误的地方　财务部门没有好好掌控资金　财务部门只知道掌控资金而不知促进成长

怪罪投资人与股东的失败理由：股东管太多碍手碍脚　股东都不管害我们青黄不接　经营团队跟股东不合

怪罪领导与经营团队的失败理由：经营团队自己内部不合　领导人太强势　领导人太弱势　领导人听信坏人的话　领导人只听太太的话　领导人听信庸才的话　领导人五鬼搬运　经营太松散　经营太紧绷　经营改来改去　经营不知弹性变化　经营太老化　经营过于新颖

其他综合的失败怪罪理由：沟通不够　沟通太多好啰唆　事后才沟通太慢了　事情还没发生沟通个屁　公司没文化　公司文化是假的　公司文化只是上面的游戏　毫无愿景　愿景太高　员工不团结　员工士气低落　竞争者挖走我的团队……

这些创业家失败的理由够精彩了吧？

就算你自己没讲过，我敢打赌你一定听过你的朋友或同事说过（在市区的商业圈，中午吃饭时，如果你注意听，很容易听到这些内容）。有人坚持，他失败理由比较复杂比较巨大，我想大概也是这些基本理由的混合延伸！

有心创业的朋友们，听完这些理由或许心寒了。

于是，有些原本要创业的朋友就说，格老子的，不创业就是了，有啥了不起！老子就继续留在现在的公司上班，何必听你们投资人吓唬我们？

诸位读友们，你们真的认为上班一辈子是更好的选择吗？

你们真的以为，当你六七十岁时，有一天照着镜子，看到两鬓斑白，看到满脸皱纹，忽然间你意识到，咦？我这一生都到哪儿去了？那时你还会觉得一生上班的选择正确吗？

如果你选择自欺欺人，现在我就对你举白旗投降。

但如果你还有一丁一点想要为自己的一生干出些成就，我现在就与你分享：其实上班族的头疼，还只多不少呢！

上班族庸庸碌碌一辈子，除了日常例行公事以外，其实每天也还在斗争。

读者们信不信，今天就做一个实验：

午餐时刻，你到上班族最多的餐厅去转一转。我保证你耳朵里听到的，都是以下这些上班族的同样问题。

就算你选择不创业，也绝不代表你可以轻松安然度过一生！

怪罪老板： 老板不喜欢我　老板只喜欢他自己的人马　老板跟我不同路　老板赏罚不公

怪罪同事： 同事太菜　同事太势利　同事太会拍马屁　同事搞小动作　同事搞小圈圈　同事太爱出风头抢功劳　同事太萎缩没有力量

怪罪没机会： 我都没机会　机会都被别人抢去　我拿到的机会都不好　我一拿到机会都是问题一箩筐　我一拿到机会就是别人不要的烂的

怪罪职场办公室特性：我总被坏人欺负　坏人总比我会卡位　我比他们有才华为什么未被重用　我空有本事与抱负却未得发挥　我总被派到苦差事　为什么叫我做这么多事　为什么这些事不叫别人去做

怪罪怀才不遇：这跟我的兴趣不符　这跟我的兴趣符合但太难了　这跟我的兴趣符合但太容易好无聊啊

怪罪薪资酬劳不够：钱太少　股票太少　钱与股票不少但是为什么别人比我多

怪罪别人玩政治：别人比较会拍马屁　我都不会拍马屁

怪罪自己时运不济：时间不够　时间不对　条件不好　条件不合　我太年轻了　我太老了

怪罪都是别人害的：经理太年轻了　经理太老了　经理只会抢我的功劳　同事只会抢我的功劳　想当年老子多么风光（现在怎么如此吃瘪）

怪罪工作量：假期不够　别人假期太多了（别人都在鬼混）　工作压力太大了　没什么工作压力但是好无聊

怪罪工作本身：没什么挑战　挑战太多了我太累了　公司要求太多了　公司要求太不合理了

怪罪公司整体：公司对我们很好但是没什么新活力　我很认真但是这个公司好像不太行　我很杰出优秀但是似乎没有遇见一鸣惊人的机会

其他综合的无厘头怪罪：全世界都在找我麻烦　我何必吃这一套……

以上是上班族每天可能遇到的挑战与问题。有些来自内心，有些来自外部。

这些问题，是否刺破了"上班比创业较轻松愉快"的美梦？谁说上班就比较轻松？谁说上班没有压力？

还需要我多做解释吗？

简简单单上班也要面临这么多挑战与斗争。还不如自己创业，自己当老板，反正每天都得打仗，那还不如为自己打？

读者们，你选择什么样的人生？

选择面对事实，然后大刀阔斧地开始？就算一错再错，屡战屡败，也不会让你气馁，因为你就是要追求成功。

还是选择一直以来的责怪外界因素，一方面给自己一个台阶下？一方面可以偏安一隅当一个不必抗争的人下人？明天你又可以理所当然地继续过现在的生活了？

【成功创业心灵银行　决胜态度 8.2：

赚大钱创业家说：每天早上我起床，都觉得崭新一天必将带来意想不到的新机会！

其他创业家说：每天早上我起来，就觉得怎么肩上的千斤重担只增不减，为什么我都得不到机会？得不到帮助？】

怎么找到机会？

为什么有些人总是机缘满身，而其他人总是福缘浅薄？

其实"机会"无所不在。

玉山科技协会是一个全球的华人科技协会，会员都是事业有成的科技企业家。它从硅谷发起，经过 20 年，现在在全世界 16 个国家地区已有分会。

我在玉山科技协会担任多任理事以及硅谷地区的会长,后来又担任了全球会长。我一直喜欢这个为所有华人提供与硅谷联系的平台。

从协会淡出以后过了几年,他们邀请我回去为大家做个演讲。

我选择的题目,就是"每天都是新机会"。

大概这个题目挺吸引人吧?当天在硅谷玉山科技协会的讲座演讲,挤得满坑满谷。当天来了会场容量三倍的嘉宾,与我一起探讨为什么"每天都是新机会"?

插播一个小插曲:为了这件事,我还被一位硅谷前辈嘟囔,说我太嚣张:"林富元,别人演讲房间够大,你演讲房间就不够大?"哎哟!事情做好,也会被酸,真的是要凡事小心。

我认为"每天都是新机会",基本上有三个基础:

1. 只要你放开心胸,不要抱残守缺,那么这个世界就会变得宽广。"机会"就在宽广中存在着。

但是每个人的手掌有五根指头,指头之间有缝隙。机会跑到你手中,若不立刻牢牢抓住,马上就会从指缝中溜走。

这个论述的重点:机会真是每天都有,问题是你看不看得出来?好机会到了你手中,你还以为是烫手山芋,立刻丢掉,暴殄天物。

哈!别人拣去,还当成宝贝呢!

2. 机会长成什么样子,其实与你的心态有关。

如果你总生活在自己的幻觉里头,一辈子都在等待红地毯邀请你进入世界上独一无二的最佳机会,那么你可能会一直等到老死。

机会来的时候,可能鼓声隆隆,但也可能无声无息,完全看你自己用什么态度迎接它。

这个论述的重点:态度对了,无论多大多小的机会都可以是你的契机。态度错了,再好的机会也会让你糟蹋浪费。

3. 机会有大有小,没人规定所有的机会都必须是富丽堂皇的。每个人都希望有大机会降临己身,因而看不起小机会。问题是,今天真的送给你一个很大很好的机会,你接得住吗?你吃得下吗?

譬如说,今天忽然要你接受一家数万员工的上市公司?你以为你一个头两只脚大摇大摆走进去,就可以简单地接下吗?给你报表你看不懂,研发进度你听不懂,重要客户你一个都不认识,员工问题你听了以后就头昏眼花。你根本还没准备好!

这个论述的重点是:想吃下所有的好机会,吃撑了把自己先撑死。所以得要有量力而为的态度,同时不要吃相难看。

如何辨识与承接好机会?

创业家都希望有"辨识好机会"与"抓住好机会"的能力。

在有"辨识好机会"能力之前,创业家必须先有三个必备的态度,否则的话,就算好机会打到你的额头,你也会浑然不觉:

(1)任何一个团体里,能够付出超越与他薪水匹配的努力的人,通常都会得到更好更多的机会。进一步解释,譬如说如果我的企业遇见一个大问题,一堆拥有头衔的人坐在大会议室里头愁眉苦脸，楚囚相对，没人能够提出任何办法。这时有人提出一个建议，说我们是否可以这样尝试看看，然后又说他可以负责处理这个有风险的任务。

如果公司这一次安然度过风险，读者们猜猜看，下次公司有升迁机会，需要延揽新人才的时候，我会第一个提拔谁？

也就是说，你只拿5万块的薪水，可是承担了相当于20万薪水的艰巨任务，别人不愿意接（做不好就是大罪人，谁会这么笨？），你毫不迟疑地跳出来接。哈！这就是抓住机会！

必备态度一，随时随地准备接受挑战，随时乐意接下超越你应有责任的分外任务（甚至非常过分）。最好的机会经常就隐藏在看来危机四伏的时刻。

（2）记住一个事实：一个机会出现在你身旁，当你还在犹豫不决的时候，请注意，旁边已经有人在虎视眈眈地等着取代你来接受它。

所以不要随意将一个机会弃若敝屣，对任何机会都要详尽评估。我们投资人最在意的一个分析，其实就是机会成本（cost of opportunity）。我自己就多次在面临抉择的时候选错项目或站错边。

以前有两家制作无线手机芯片的团队同时找我投资，两个团队我都喜欢。经过几个月的评估，我选择了自己比较信任的一家，结果这一家因为创办人和稀泥，居然连启动都成问题。另外一家被别人拣去投资，几年之后上市了，还成为国家标准。

必备态度二，明白并非每个机会都是合适你的契机，但一旦你放弃了机会，就不要后悔被别人拣去（别人说不定将你不

要的机会发扬光大，得意地从你身旁呼啸而过）。

因为只要你沉得住气，过一阵子，新机会又来了。

（3）本书几乎所有的章节都沿着几个大思维在走。"辨识好机会"的能力，就在这些思维里头产生。如果你能够根据这些新态度改变自己的思维方式，你的眼光就会越来越准确。

必备态度三，是综合的态度：

看见需求，就是看见机会。

研究对手，就是研究机会。

向成功者学习，招揽成功者到身边，就是让机会自然环绕在你身边。

所有的机会，都有 TIIPS 五大区隔性的某些特征。

3.9 决胜态度九 投资人欣赏什么样的创业家

如何给投资人好印象与取得信任感

赚大钱创业家赢得众人的信任。

其他创业家希望赢得大家说他好棒好厉害哦!

对创业家而言,所谓的"投资人"在不同时期与不同阶段包括了:

初期的天使投资人(Angel Investors),

成长时的风险投资基金(Venture Capitalists),

成熟后的策略投资公司与私募基金(Strategic Investors & Private Equities),

当然也包括了有朝一日可以光荣退出时的投资银行(Investment Bankers)与股市(Stock Market)。

创业,从懵懵懂懂开始,到成功荣耀退出,是一条十分漫长的路。

每一个阶段,创业家都必须赢得投资人的认可,取得每个阶段需要的资金,创业家的企业才得以一步一步地向上攀升。

可是像我们搞风投基金与天使投资的投资人深深了解,如此被我们"认可"的比例是相当低的。

每年我们收到广大的有志创业人士数千项计划书,就算我们不眠不休尽最大的努力，每年最多也就投入三至五家新创事业。

大一点的基金，本钱雄厚，他们每年收到万件以上的计划书，但他们每年最多也就投入十来项。

用简单的整数来形容。一家风投基金每年收到10,000件申请资金的计划书。我们给它大一点的认可率，就说这家基金每年选择投入20项。

20/10000 = 2/1000 = 0.2%。举世闻名群聚在硅谷沙丘街（Sand Hills）上的风投基金，大概维持0.2%上下的认可投资比率。

如果创业家够认真，挨家挨户与十家以上的风投基金谈过，我们就用线性计算，算出他被十家基金中间的某一家认可的概率增加了10倍，也就是：

0.02%×10 = 2%。

创业家朋友们，在你最大的努力之后，你被认可投资的比率平均大约2%，也就是说，你有98%的可能根本不被接受。

天使投资人与风投基金最喜欢的四种创业家

别忘了，这微薄的2%录取率里头，**还有四种创业家会特别受到礼遇及优先青睐。**这些最受欢迎的创业家，会将原先只剩下2%录取率的青涩创业家，又挤掉一大部分。于是乎，所有其他创业家雀屏中选的概率，就被减成1%了。

哪四种创业家最受投资人欢迎？

第一：风投基金本来就认识且看好的创业家。譬如风投基金群聚的沙丘街（Sand Hill Street），就连着斯坦福大学（Stanford University）。一听说斯坦福大学校园里头的某教授要创业，立刻就有一堆钱追着他跑。

还有一些略具规模的投资基金，经常会在内部培养自己觉得有潜力的创业家，在基金办公室里面给他们一张桌子，或一间办公室，然后参加相关的会议。这几乎有点像是创业家实习生（Entrepreneur Intern）。

想想看，如果这位基金里头的实习生，跟你一样在同一个市场提出类似的计划，基金会优先投资你呢？还是有限投资他们自己培养出来的实习生？

缺乏任何地缘人缘，你拿什么跟他们竞争？

第二：已经成功退出过，现在重起炉灶又回来二度创业的创业家。 别吓着了，硅谷的新创事业有非常高的比例是成功者回锅，二度三度创业的。

当年我们硅谷橡子园（Acorn Campus）最早期的十几项投资，就有很高比例是投资在二度创业与三度创业的朋友身上。

譬如我引进光电教父龚行宪博士，率领投入还与他共创Pine Photonics 及 Luxnet，这两家公司后来分别上市（同时还有两家不是龚博士自创的公司 OMM 与 Bandwidth 9，我们也应龚博士之邀一起投入。但都在公司价值疯狂飙高之后，遇上泡沫破灭而惨淡收场。

还有上市公司 Net IQ 的创办人车河道博士与黄京发博士的二度创业就是我们橡子园首投，另外还有好朋友上市公司 Clarinet 创办人张绍尧在我们橡子园成立移动收费的先进技术公司，由我负责此案。虽然后来都没有像他们原始第一家那样顺利地获得成功，但回想起来，他们过去成功的经历，的确就是我们投入的主要考虑。

社会菜鸟，毫无名气的你，拿什么跟他们比？

第三：新创事业已经略有基础或名气的创业家。 譬如Facebook初创时，先免费让哈佛大学学生玩了几年，出道募资时，已经普遍被哈佛大学学生群体认可。

这种案例不太容易达到。但确实也有一些创业家愿意自己先掏腰包撑起公司，不管三七二十一，自己先闷头干个几年。有了具体成绩之后，他们才出面募款。这个做法的好处是你可以把公司估值做高，尽量保留创办人自己的原始股份，不需要过分稀释。坏处是，纵使你不需要资金，你还是需要很多不同领域的助力，而吸收外面的资金，不光只是吸收资金，还可以吸收不同方面的人脉。

我常常告诉有真本事的创业家，你们能力够了，如果不用太早向外面要钱，那么就自己先出钱干到一定程度再来要钱。那个时候，创业家的成绩单一摊开，投资人流口水都来不及了！

完全是全新开始的你，能有比他们突出的地方吗？

第四：有名人或社会贤达加持的新创事业。 譬如Google创办人的老婆创立的Me & 23基因筛检测试公司。她创业的消息一透露，庞大资金就排队在旁等候。

这种受欢迎的创业团队有好有坏。

如果这些受社会尊重的人士与你的新创公司有真正的关系，大家知道这是玩真的，加持的分量就非常重大。上述Me & 23基因检测公司，是真正由谷歌创办人的太太直接设立，真金白银。大家知道有这样大贵人撑腰的公司肯定死不了，何况他们从事的又是最先进最看好的市场，想倒都倒不掉。

可是如果创业家四处假借名人的力量狐假虎威，自身没本事，做出的计划又松松垮垮的，投资人第一个感觉就是：会不会是忽悠？等创业家离开办公室之后，投资人第一件事情就是赶快打电话询问那些被你忽悠的贤达人士：是真的吗？我觉得不很好，可是看到你的名字支持他们，就不愿意太过批评，你究竟看上他们什么地方？

一旦贤达人士说出，唉？奇怪？这位创业家是来拜访过我，但我没答应要担任他们的顾问啊？也没答应要担任什么职位啊？怎么就这样被抬出去卖了？

果真如此的话，这位创业家就不用再玩了。

真有响当当人物在团队里，这个团队绝对醒目，如果还有什么差错或不足，也不会差到哪里去。当然，他们就占掉其他团队的中选机会喽。

纯粹靠自己的你，用什么与他们PK？

广受欢迎的创业家有什么共同特点？　——如何与投资人打交道？

【成功创业心灵银行　决胜态度9.1：
顺利募资创业家让投资人感觉可靠
其他创业家让投资人丈二金刚摸不着头脑】

读者们有没有注意到，以上这些特别受到风投基金偏爱与青睐的创业家，他们有什么共同点？

如果你整理不出共同点，请再回头读一遍上面这四种创业家。

然后，你一定理得出来：

原来这些特别被风投基金优先重视的创业家，都有一定程度的"公信力"（Trust）。

风投基金管理投资人的钱，天使投资人管理自己辛苦挣来的钱。当然我们希望选择比较牢靠，而且胜算较高的投资对象。

胜算高怎么评估，见仁见智，这一整本书就是在反复讨论如何让你的胜算提高。我全书建议的致胜新态度，如果你都能做到，你的胜算即将高得不得了！

牢靠呢，这得是在见面多次以后，才可能逐渐在投资人与创业家之间建立起来的。

所以，你要击败其他那些事实上比你迷人的创业团队，除了具有所有该有的特质长处、市场区隔以外，最大的根本突破，就在于你是否能够在初认识的投资人面前，迅速建立三大印象：

(1) 你是最可靠，最可信任的。

(2) 你是最可靠，最可信任的。

(3) 你是最可靠，最可信任的。

我不跟你们开玩笑！

当一切条件都相等或对等的时候，我们一定会选择投资我们认为比较可靠可信的创业家。（When all things are equal, we pick the ones we trust.）

创业家可能自己是天下最有本事的人。我现在就可以告诉你，虽然你很不错，但我见过的比你厉害的人比比皆是。

创业家可能以为自己的计划案是天下最棒最独特的。我现在就可以告诉你，虽然你的案子很不错，但我这个礼拜就见了类似的三家，其中有两家都排在你前面。

所以，当投资人拿出手上每一家新创公司的强项来逐项比较时，你都跟人家差不多或有所逊色，偏偏你又不属于刚刚列出的四大受欢迎对象之一。我请问你，你凭什么可以绝处逢生打胜仗？

有的。

如果你的计划企业是好案子，但你没有受欢迎的四大条件，剩下的，就是让投资人相信你，迅速地对你印象深刻，甚至很快发展出好印象而喜欢你。

别急。先别想错了。

我说要你迅速地让投资人相信你，对你产生好印象，甚至喜欢你，你可别马上就去演戏唱戏，在投资人面前乱演一通！

如何避免错误地与投资人打交道？

首先：与投资人打交道，千万不要犯以下这些错。

我的意见是，你或许不能迅速受欢迎，但至少你得做到不被马上讨厌！

1. 我不是叫你对投资人装可爱讨喜，也不用装酷（Cool）。

设法讨喜，那恐怕会变得很可怕。我经常在亚洲见到在校或刚毕业的年轻创业家，还保留着耸肩吐舌装可爱的模样。

这是一句肺腑之言。同样的年轻创业家，欧美的孩子就枪来刀去，可以幽默，甚至可以搞笑，但没有太多不必要的肢体语言。可是亚洲华人的孩子，从台湾到大陆，从新加坡到香港，普遍的有这个通病（读者不需要同意我这看法，我没有以偏概全的意思，但我认为这是需要连根拔起的错误教育）。

另有一种创业家，可能本性使然，喜欢将自己装扮得很酷（Cool）。我不晓得其他投资人的反应如何，我认为真正的酷，投资人自然会看出的。你可能很客气，很友好（nice），真正很轻松（不是假装轻松），这样就够了。我认识一个创业家，与我谈话时动不动就加一句："哦！这样很 cool！"而且会一直将这句话挂在嘴边。我认为，你酷不酷，不会因为你嘴巴一直说自己很 cool，就变成很 cool。

别人怎么看可爱或很酷的创业家，我不置可否。但我本人非常不喜欢那种不成熟，也就是还无法对自己负责任的态度。想要装可爱或装酷，回家装扮给家人或男女朋友看好了。

2. 我也不是要你卑躬屈膝，谄媚殷勤。更不要你气势过盛，虚张声势。

如果你来这一套，恐怕连第一关都过不了。投资人绝对不可能什么都懂都对，所以我们喜欢在合理范围内据理力争的创业家，而不喜欢唯唯诺诺的人。

有些创业家深谙此道，简报时还故意要与投资人争辩，可以表现他是有原则而不轻易屈服的人。但凡事恰当就好，过犹不及。过度表现自己的刚烈，我们投资人也会看穿的。

投资人没啥了不起，不过就是管理资金而已。但也的确有部分投资人，以为他们是给钱的，就觉得自己一定比创业家棒比创业家高贵。我个人则认为，最高贵的是创业家，投资人真的没什么。

投资人未来好不好，要看现在的创业家好不好。

所以我一定劝创业家，你就是你，与投资人打交道，该讲什么就讲什么，不用太客气，也不用太自我吹嘘。

3. 我不希望你虚假包装自己。临时改变自己？避之而无憾啊！

虚假包装自己，装模作样。那样一来，不但变成姜子牙所骑的四不像，虚假的你会连原有的本质都失去了。

几年前我有一位朋友要他的孩子来跟我谈话，看看是否可以从我这儿学到一点东西。这位朋友本人是最好学校毕业的最优秀人才，在工作中经常与人有所冲突。他的儿子大概刚三十岁，我不晓得是否比他老爸好一点？

这位年轻人一坐下来，就开始滔滔不绝地说话。而且，对话中我可以明显地察觉到，他非常努力地在把与我的对话定位成同等身份、同等级人士的对话。也就是说，这位三十岁、还没有做成过任何事情的年轻人，急于将自己定位成与我同等对话。

原先我安排一小时与他聊聊。十分钟以后，我就推托说临时有事，不能再多谈。说老实话，其实我还是可以教教他。但他年纪轻轻就如此自我膨胀，我可不想做第一个点破他的长者。

4. 千万不要以为你可以笼络投资人。

有些创业家邀请我吃饭，目的就是要加深印象。

我大部分时候拒绝，但有时候为了想多了解以及深入探讨，我也会赴会。但我有一个简单的赴会条款，就是只能由我请客付钱。吃人嘴短，拿人手短，投资人不可能因为一些小便宜而建立特殊印象。如果有这样的投资人，大概也成不了气候。(事实上,很多次反而是经过饭局让我看到创业家原先刻意隐藏的不好一面。)

不能请投资人吃饭,那要用什么方法来与投资人有深入探讨呢?缺乏多几次的见面机会,如何让他们更多了解你呢?

最好的方法,只有回归本质,盯住核心。如果你的计划案有它的价值,就针对计划案继续讨论。

我每天都有很多案子需要检视与评审,所以常常事情一多,会忘记这个礼拜见过哪些团队,更不记得讨论过什么内容。

但是有几次,我会收到创业家来函,认真地针对我们之前的沟通提供补充内容。无论我是否对该案件有兴趣,但对如此认真的 follow-up 都觉得很感恩。

经过创业家再次补充,有时候我先前的疑虑消失了或减轻了。更重要的是,我看见这个创业家的认真。

5. 我不赞成你在第一次见面就过分强调外力。

前边的章节说过,创业家最好要在身边围绕一群厉害的人;也说过,创业家在不同时刻需要不同的伙伴联盟,也就是贵人;我更说过,有名人大咖在你团队中,是一件受欢迎的事。

但是我遇见过太多创业家,第一次见面作简报,一上台还没搞清楚东南西北,就忙着说"我是某某大咖的什么人(亲戚、朋友、学生,或任何十万八千里才连上的关系)";或说"我是你们基金某某人的什么关系……";甚至说"我们新创团队里头有某某重要人物的子弟……"。

如果你在投资人还没有听清楚你究竟在搞什么以前就吹嘘

起自己有许多捧着你的大人物，你会不经意地引起投资人反感。

投资人心里会隐隐嘀咕："还没有说自己在做什么，一开始就拿名家来压我？"然后他们会暗地里想："这人要我怎么反应？听到伟人的名字，我就站起来鞠躬吗？"但最直接的反应，一定是："是否你的计划不堪一击，所以先拿名人的力量来为自己打基础？有这么烂吗？"

其实有大咖真正的支持，绝对为你加分。但是你不要将它当成法宝来卖弄。

你可以有一页简介，将这些大人物的加持放在该页，然后轻描淡写地略微叙述过去，投资人嘴上不说，但是心里有数。譬如说，要是你简报的顾问名单上有"比尔·盖茨"这四个字，搞不好我就惊讶得从座椅上跌下去了。

如此效果绝对比自己重复强调吹擂好多了！

如何正确地与投资人打交道？

如何给投资人第一个好印象？

所有的创业家都在遍寻有特色的主意与产品。

所有的投资人也都在踏遍天下寻找有特色的创业家。

与投资人打交道的最正确方法，就是展现你的特色：

个人的特色。这些特色留下来的印象。

计划案的特色。这些特色会为投资人留下某种印象。

整个团队、想法、设计、市场观察、竞争实力……所有你真正具体又与众不同的特色，请在第一次介绍的时候，以谦卑学习的态度表达出来。这些特色肯定会给投资人留下深刻印象。

而这些你所介绍的林林总总特色，如果投资人觉得是有价值而且突出的，他就会综合总结为一个隐隐约约的印象："可信度高！"

【成功创业心灵银行　决胜态度 9.2：

顺利募资创业家让投资人看见综合的特色以及留下好印象

其他创业家无法让投资人看清究竟有什么不同？最终只能留下模拟两可的模糊印象。】

创业家们，你知道我们投资基金合伙人在关起门来评审讨论项目时，都是怎么讨论的？

无论是世界第一大基金，或是小天使团队，投资经理人都这么讨论：

"我觉得这位创业家很有能力……"

"我感觉这个案子很有潜力……"

"我认为他们对市场认识很清楚，花过很大的工夫……"

"我想，如果他们能够在两年内做出这个产品，就相当有机会……"

或这么讨论：

"在听他的简介时，我感觉他并不了解而且低估了这项技术的难度……"

"与他对谈的时候，我发觉这个人的个性有点骄傲……"

"问他三个问题，都支吾以对。无法现场回答没关系，只要说回去研究调查，然后随后补充就可以了，可是这人好像想含糊混过去……"

"本来我挺欣赏这个团队,但后来发现他们好像不很团结……"

所有的投资经理人,都凭着什么在评估与讨论投资案?

凭他们与创业家沟通得来的"印象",配合他们的专业知识与实战经验,融合成为是否投资的评估结果。

数十年来与我对话过的创业家,加上在各场演讲会遇见的有志创业人士,大概超过一万人了。如果再加上读过我专栏与畅销书的朋友,算算至少也有数十万人之众。

见过的,谈过的,深入了解过的,我多少都有一定的"印象"。

这些"印象"不一定正确,而且可能也只是片面"印象"。但无论对或不对,误解或理解,它们都是货真价实存活在我脑海里的"印象"。

这些"印象",当然会大大地影响我评估投资案的倾向。

"印象"好,可以过一关又一关。

"印象"不好,一关都过不了。

这些"印象",不论对或不对,全面或不全面,怎么来的?从哪里来的?谁给的?

唉!解铃还须系铃人啊!这些"印象"都是创业家自己给我们的!

我是位天使投资人、作家、演说家、创投家,对那些超过万名对谈过的朋友,我可以凭自己的"印象",写下形形色色的重要记忆。

这些"印象",有的模糊,有的清楚;有些喜爱,有些厌恶；有特别强烈记得的，也有特别不想记得的。

但归根结底，它们都是自己脑海里千真万确的"印象"。

所以当我的投资伙伴询问我，你觉得这个案子如何？我的回答，就从这些"印象"里头出发展开！

投资人记忆里或潜意识里，最有价值的印象，终究还只剩下一个："这人到底可不可靠？我们可不可以信任他？"

现在我提供给你，根据我本书前段所提的18个关键，也就是18个重大考虑，结论得出最重要的18个高价值印象！

1. 有无良好完整的成熟经营团队（Management Team）？

最佳印象：这位创业家有很完整的实战经历与核心能力，团队也相当完整互补，看起来相处很好，合作无间。

2. 有无与众不同而居于领先的知识能力（Core Competence）？

最佳印象：这个团队的成员都是在这个行当干过一段时间，有足够深度的认知与直接的相关能力。

3. 对市场是否有踏实而足够的认识？所向往的市场是否处在初生期或成长期（High Growth Market）？

最佳印象：他们计划进入的市场是未来十年最有爆发力的新市场。而且他们的时间点刚刚好，不过早，也不太晚。

4. 是否一窝蜂追逐时尚随波逐流（Momentum Chasing）？

最佳印象：这个计划案有自己的独立价值，虽然这个市场一窝蜂的竞争者很多，但他们的核心技术与商业模式完全不同，不会随波逐流。

5．有无知识产权或产品的智慧财产（Intellectual Property）？

最佳印象：这个案子有充分的智慧财产保护，而且这些智慧财产将来还可以用来拓展业界联盟，甚至变成业界标准。

6．企划中的产品或服务是否拥有很高的入门门坎（Entry Barrier）？

最佳印象：我的专业评估，他们目前的技术与制程，至少领先对手二至三年，不是别人砸钱就可以轻易做到的。

7．对台面上隐藏中的竞争者（Competition）有无充分的了解？

最佳印象：最近审核了数家类似的团队，只有这一家做了完整功课，将所有对手都彻底地调查研究，非常令人敬佩。

8．知道自己在市场上，依长处而取决的区隔定位（Position）吗？

最佳印象：这个市场巨大无比，大家都在里头和稀泥，只有这一家新创公司清楚地为自己定位在某个特定市场领域里头完全领先。

9．有无完整的三至五年计划书（Business Plan）及有无完整的三至五年财务分析报表？

最佳印象：他们的计划与财务预估相当专业，也没有过分乐观或自我灌水。咱们的会计师都不见得做得这么完整。

10. 是否能筹募完整足够的创业资金（Sufficient Funds）？尤其在泡沫破灭之后如何募款更是课题？

最佳印象：这个团队很有说服力。我们如果决定投资，我会协助他们联系其他投资基金。我们可以领头，或者别的基金领头也没关系。

11. 投资股东有附加价值吗（Value Added）？

最佳印象：这项计划案现在有几家基金与数字天使投资人有兴趣，他们都是非常有影响力的社会贤达。

12. 经营团队与投资股东享有良好互补关系（Investor Relationship）吗？他将影响你股东未来与你一路跟进（Follow Up Investment）的支撑力吗？

最佳印象：目前团队与我们的沟通非常良好，而且彼此的理念可以匹配。不像去年我们投资的那个创办人，简直无法忍受……

13. 主要领导者的人格质量与灵活坚忍性（Leadership）如何？有无能力强的执行长（CEO）对企业的影响成败至大。

最佳印象：我们征询认识创业家的一些朋友，他们都认为这位创业家具有足够的能力，对这项计划也全力以赴，不会变节。

14. 公司的整体文化（Corporate Culture）为何？撇开八股教条与文宣，公司整体是否具有共体时坚的内在文化？

最佳印象：创办人与成员们似乎都属于实干踏实的部落，不会有过多的姿态或做作，我觉得未来会很实实在在。

15. 这个企业能吸引到足够的伙伴与联盟（Partners & Alliances）吗？

最佳印象：事实上，他们已经有好几个策略伙伴，因为这些创业家们都希望多多建立外界助力，不一定凡事得关起门来做。

16. 团队有市场开发能力（Business Development）吗？

最佳印象：创办人本身已经投入市场的开发，目前他们已经列出十大潜在客户，而且都有办法进入或联系。

17. 公司的远景与愿景（Vision）是永续经营（Build to Last）还是昙花一现（Build to Flop）？

最佳印象：这个新创公司居然具备非常崇高的远景，而且我觉得他们没有人云亦云，确实是希望长远经营、造福社会。

18. 最终最伟大隽永的价值：你是否取得了内外大众的信任（Trust）？

最佳印象：我觉得他们这个团队是可以信任，也值得投资的。因为他们自始至终一直强调同一个高价值，我印象深刻！

创业家朋友们，请你们现在闭上眼睛想一想：

这 18 个重大审核项目，我有几项真正突出？

这 18 个重大审核项目，我是否有任何一项可以打遍天下无敌手？

有，恭喜你。

没有，请你加油！

读者朋友们，如果您是有志创新创业的后起之秀，请您务必与我联系。

我有一个林氏跨洋基金会（Lin Continental Foundation），是经过美国联邦政府与加州政府认证为非营利机构的慈善机构。

我们这个慈善基金的宗旨是提供"创业家教育与辅导"，以及"改善生命与生活质量"的两大平台，欢迎您加入我们，请随时上网查看：

http：//lincontinental. org／林氏跨洋基金会

我们非常欢迎您加入我们的行列，有钱出钱，有力出力，为下一代导入正面思维，获得正面能量。同时大家也一起来辅导下一代的精英在事业上成功快乐，在生活上健康快乐！

第四部分　总结：你也可以赚大钱成功快乐

　　赚大钱创业家随时散发着自己的优秀特质，让自己的特点像个红太阳般给大家热能。

　　其他创业家或是不晓得自己的特点，或是让自己的特点在他人欺侮中褪色了。于是他们的一辈子，就在非常努力中，庸庸碌碌瞎忙过去了。

4.1　从一位高中女生说起

诸位读者朋友们，你们也快要读完了这本书，有什么感觉？

成功赚大钱的创业家，与我们一样是一个头两手两脚的人类，与我们有何不同？

想法不同。

同样一件事情，你的想法比别人高超，成就就比别人高超。

如果你的想法随波逐流不过尔尔，你的成就除了随波逐流不过尔尔之外，还能怎样？

最近美国报纸上报道了一篇新闻，让我感动万分。说的是一位在申请大学的很普通的高中女生。

这是我转摘《世界日报》的报道（报纸也是转述美国新闻）部分：

　　常春藤八所盟校，高中女生史汀逊（Brittany Stinson）获得五所盟校录取，包括耶鲁、哥伦比亚、宾大、达特茅斯和康奈尔。加上美国最难的斯坦福大学，她进入了六所。哥伦比亚和耶鲁今年的录取率，分别只有6.04%和6.27%，而斯坦福今年录取率打破校史纪录，只有

4.69%，比哈佛更难进。

史汀逊除了成绩好，申请文章也写得很特别，值得华裔家长和准备申请大学的学生参考。她写的申请文，只要上网搜寻她的姓名就可以找到。

她的文章不到700字，全文只有五段，最特别之处是只写一个主题：好市多（Costco）。将她成长过程中各学习阶段，全放进自己的好市多经验里。

第一段她写两岁时的好市多经验：记忆中，母亲带她到好市多，她坐在推车上，在一行行货架间穿梭，充满好奇，到处摸，每样东西都想看。

第二段她写自己长高了，能看到架上的货品，也开始了解好市多的消费主义，开始观察分析商品。为什么会有人一次买三磅酸奶酪？cultured 酸奶和 uncultured 酸奶有什么不同？

第三段写她17岁对好市多的思考：她发现好市多的热狗虽然好吃，却没有好市多宣传的那么好。如果有33盎司一瓶的花生酱，会不会剥夺人的自由意志？用力推，手推车就会惯性地向前，一直冲向52英寸高清电视，这就是物理学上的惯性运动。

第四段写她对好市多最新的经验：好市多好像一个货仓，却等于一个完整的世界；从每样商品，都可追寻到背后的历史、经济学，以及家庭生活。

第五段总结回到她的好奇，这种好奇不但是知道商品"是什么"（what），她更要找出"为什么"（why），以及"怎么做的"（how）。

诸位读友们：您看完这篇新闻报道有什么感觉？

每天在"好市多"逛街与购物的人有千千万万，大家都在看同样的东西。有些人永远走马看花，有些人永远看到和大家一样的东西，但这位女孩子居然从小到大在同样的地方看见不同的事物，得到不同的想法。

现在她将这些不同想法写成申请函，就被其他有智能的人看到，立刻变成进入全世界最棒大学的法宝！

所以我说，想法不同，结果就不同！

不要停留在人云亦云，而要经常问 Why（为什么）？问 Why so different（为什么如此不同）？问 What is the difference（有什么不同）？

这些问题问多了，很自然地，你就进入 How is it different（凭什么可以这样不同）？你就开始像赚大钱创业家一样思考了！

赚大钱创业家的想法和你不一样，大家不妨认真学一学吧！

1. 成功者不同的想法，培养出一些不同的特质。

每个人都想成功，每个人也都一直在努力。他们的聪颖与学识并没有比别人差，但为什么每次总是某些人成功，而大部分人失败呢？

我认为，这些成功的人以及重复成功的人，似乎总具有某些特质。这些特质特别适用于创新创业的宏图大业上。成功者与普通人并没有太多的不同。卓越成功者并没有比我们多一只手或多一只脚，天生能力和大家是差不多的。他们可以从内心发掘力量导致成功快乐，为什么我们不能返璞归真地做到呢？

而且你会发现，从内心做起，并不需要复杂表格或困难测验，它简单易学又务实易行。别人可以，你也可以，你可以得到绝对的成功快乐！

真正成功快乐的创新创业者，他的基础包括了十二项特质（这一部分，我曾经在以往的畅销书中引用过。但是这些原则历久弥新，放诸四海而皆准，就再次大量引用，见下页图示）。

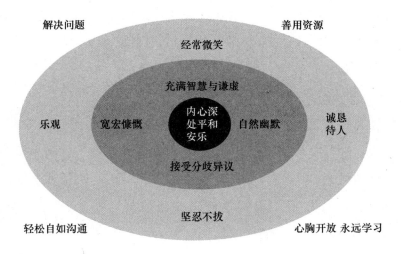

成功创新创业者的特质
千磨万击还坚劲　任尔东西南北风

创业家们，您如果拥有这些特质中的任何一项，就不用客气，毫不犹豫地让它大量发挥，也大量凸显吧！

2. 要做创新创业大赢家，还需要注意这些态度。

光是拥有以上的某些特质，是否就足够让你成功？

许多人具有以上的某些特质，而且都有他们受人喜爱敬爱的特性，但最终还是平平淡淡过一生，与成功失之交臂。为什么他们有了足够条件，还是始终没能突破，始终没能完美地发挥呢？

3. 创业家不能有的几种态度。

从我自己三十年来投资过的创业家里头看，从挫败的例子里头直接选，有某些态度确定是成功不了的：

- **过分精打细算的：**

尚未做成任何事，就先自我培养出一套很厉害的谈判技巧，咄咄逼人地先在投资人面前为自己要求这个要求那个。固然这是一项不错的能力，但就好像还在蹒跚学步的孩子，急着要炫耀自己跑马拉松的光彩。如此本末倒置，聪明反被聪明误，是天使投资人第一惧怕对象。

- **过分锱铢计较的：**

与精打细算有些异曲同工，都是天使投资人恐惧的对象。投资人希望投资眼光高远与心胸宽广的对象，不是任何事都变成像在拔牙般的难搞。我们投资人常常套一句台湾俚语，说这个人"好难剃头"，就是说这个人锱铢计较，难成大事。转换成投资的合作对象，就成了你的头疼对象！

- **认为自己凡事都比别人聪明的**

这样的创新创业家不难看见。在进行投资简介时，投资人随意表达了与他看法相左的概念，场面一下子变成一场激辩，辩到面红耳赤。我把这叫做"赢得了嘴巴的辩论，输掉了口袋的资金"。如此创业家，本身可能本领高强，可是无法容纳他人不同的看法。历史证明，全世界最有价值的事业，从来都不会只经由某某一个人支手擎天做成功的。

- **小聪明在玩弄他人的**

我亲身投资过一个案子，投资前这几位创业家殷勤谦卑，等到资金到手以后，他们就露出狰狞本性，一切丑态毕露无遗。中间有一位还是名人，他竟然在增资以后不到几个月的时间，就透露他要在旁边再开一间类似的公司！我不很了解，这个世界竟然还有这样妄自尊大的人，认为别人都可以轻易被他当傻瓜般玩弄？另外一个也差不多，一方面说效忠公司，另一方面大刺刺地将其他高姿态的生意拿回办公室来吹嘘，当然我们就不会再继续支持这班人。有时回想，还真的不了解这些人为什么耍弄小聪明，不懂什么叫"因小失大"吗？

- **伪装讨喜　不知自己是谁的**

我参加过一桩土地投资案，在硅谷北边小城市的山坡上，它也是我唯一被动参与土地开发的一次天使投资经历。

土地投资，如果有正确目标，绝对是桩好事。只要土地开发商有足够经验，买对了地，以及足够努力，与当地市政府好好沟通，社会进步总会协助你带动土地升值。

这个投资案的开发商是一位科技公司的工程博士，过去是位出将入相的名人。他看到别人好像很轻松地就买地开发大赚钱，便觉得自己是聪明而有名的人，当然也可以如此轻易成功。于是他说服许多朋友参与投资。

结果这桩投资案，拖了26年，到今天从好案子变成死案子。这块土地从一片开阔，变成四周围别人后来居上开发成功，唯独这块地卡在中间没进展，十分可惜。直到今天，这块地仍是供开发商做反面文章的例子。

投资案成功与否，只要努力与果敢而后光荣失败，投资人就不需要惋惜也没有责怪的必要。但是这个案子会拖26年尚无结果，始作俑者绝对得负全责。他过去在大公司养尊处优，只看到别人赚钱，自己就外行充内行地跳入。我每年阅读他的近况报告读了 26 年，逐渐看清此人最擅长的功夫就是为自己解说。他每年都可以解说得漂漂亮亮（一边说都是我不好，一边就是不承担不解决），但是投资案始终还是桩吊在半空中的悬案。26 年！

他的问题，不在聪明才智，而在于他口才特佳，总是凭着耍嘴皮子讨得欢心，因此就不用面对解决。过程中有他人表达意愿欲购买这块地，但此人为了讨喜大众以及聪明地保护自己，每次都玩投资人意见问卷，然后综合一个他不会遭受责骂诉讼的决策来继续蹉跎，如此重复了 26 年。

"勇敢"不是嘴巴说说，而是在第一时间面对，将问题一次处理完成。这位始作俑者太聪明了。他怕挨告，就采取将问题拖得越久，大家的责怪就会越来越淡的方法。拖到今天，他的问题已变成所有投资人的问题。移花接木，转移责任。26 年了，到现在还是拿他没办法。

- **过度缺乏信心与过度被动的**

有时候明明是很优秀的创业家，却总是在等投资人来鼓动他跨出去。如此创新创业者经常都会有很好的点子与创意，但不知自己如何主动出击，于是养成了一种被动的态度。投资人与这样的好人合作，有时会太累，真像"皇帝不急，急死旁边的太监"。请注意，这里我说的"缺乏信心"与"过度被动"，与"谦虚礼让"或"小心谨慎"是绝对不同的。天使投资，希望投资到一个可以发动市场战争的领导人，盼望投资到一位可以对竞争者进行革命的人。所以，一定程度的平衡与激进是同时必要的。

反过来，有些创新创业者的态度，是我们投资人最欢迎的！

4.2 创业家必须有的几种态度

- **置诸死地而后生**

我见过千位以上的创业团队成员，听过他们的梦想与故事，知道每个人有不同的个性与不同的考虑，所以有些事我不能强求。但是有一个态度，我实在是很怕听到，听到了我也找不到标准答案。

早期的创业家，说要创业就要毫不犹豫地创业，置诸死地而后生。

晚近的年轻创业家，不知是否被宠坏了？他们有些总会聪明地说，这个创新点子是我的生命与最爱，但是得要我拿到足够的钱以后，自己可以领得薪水，我才会出来创业。

这个条件在昔日是会被当场打退票的，但今日投资人比较有弹性，能接受某种"要挟"，觉得个人自有他的逻辑。

我的看法，创新创业家，你们"对创新的热情"是什么？是得要先有了资金以后，才会发生的吗？还是要取得安全感以后，才会去努力？或是无论你找到多少钱，你都要义无反顾地追寻你的梦想？

所以 LinkedIn 的创办人雷德霍夫曼就说：他最支持的，就是置诸死地而后生的创新创业家！

- **追求名利没有什么不好**

几乎每一个来我办公室申请投资的创业家,都会在他们计划书里头预测,我们将在几年以后上市。

大部分的计划书,过了一阵子以后就会梦幻破灭,仅有少数会达成。但基本上,经由股票上市而名利双收,正是所有创新创业家的理想。

"股票上市"本身不是什么大不了的成就。对公司而言,股票上市,只是成长到一个程度以后募资的新方法。至于创业家能够发财,则完全是这股成长进步之中的副产品。可是我十分鼓励创业家尽量做发财梦。

有梦想才会有动力,有动力你才能领导。尤其在创业过程中,困难与挑战必然是一箩筐的,有哪一盏明灯可以遥远地为你带路?协助你度过最黑暗的时刻?大概就是你的成功愿景吧!

唯一提醒,就是你追求名利的心态必须是平衡的。譬如说,发财梦一定要与你的创业伙伴公平分享,所有的名利一定要归功于全体员工,事情只有不断做好才可能有成功,等到你将客户与市场照顾得服服帖帖,你自然就成功了!

- **不断开发人际网络**

创新创业的大赢家要有一个体认:就是自己再如何聪明能干,大事业是无法只靠自己做成的。

每次演讲,只要是讲到创投,一定会有人问:"你们投资人认为在所有的成功条件里,最重要的投资条件是哪一项?"

我们每次的回答也都前后一致,最重要的投资条件就是"对的人才"!

对的人才，可以协助你将平凡主意演化为成功产品。可以帮助你渡过难关超越瓶颈。错的人才，会将你最棒的点子搞成混乱的败笔，会使你明明可以顺畅的事业变成纷扰不断。这一点也是不言而喻的。

这儿要说的是，创业家必须要具有这个态度："你永远都必须不停地开发与拓展人际网络。"人际网络不是你在需要用人时才忽然想到的，更不是你拿到资金以后就觉得不必再使用的。

人际网络是你的宝贝武器，武器不经常磨砺保养，一定会生锈变钝。而人际网络最有趣的地方，就是它会越用越大，越用越好！

当然，所谓的人际网络不是你拿一叠名片就可以硬换回来的，它必须建立在双向互利的平台上，人家是你的人脉，你就必须是人家的人脉！人家给你价值，你给人家什么价值？基于如此双向磨砺，大家的宝剑都会愈练愈锐利！

- 永远将你自己摆在优秀导师之间

如果问我，有哪一个大赢家态度是最容易做到，而又最具力量的？我一定回答："永远将你自己摆在优秀导师之间"这个态度了！

Why not?

古有明训："无友与不如己者。"这里则说，"创业家的周围没有不如己者"就是你加速成功的最大法宝！

一位缺乏安全感的创业家，会因为害怕自己的地位，而潜意识地聘雇自己太太来管财务，请兄弟姐妹来身边当护法。用人唯亲，这倒也无可厚非。但是这种做法，人际网络毫无拓展,自己也只是在同一个意识圈子里原地踏步而已。

如果是有宽广心胸的创业家,就会永远只邀请比自己厉害的高手来到身边。他们会使你精益求精,不知不觉中,你就会跟上他们,然后又迅速超越他们!

4.3 与大家共享荣耀吧！

前面说了，改变态度，从此每天都是新机会。

但是你如果坚持不改，还每天绞尽脑汁想如何让自己成为独一无二的名人，你肯定不会成名。

相反的，一个每天在设法帮助整个团队一起享有荣耀的人，就会得到众志成城的协助。因为整个团队长期的合作，交出了靓丽的成绩单，他就站在这个团队平台上成名了。

电影明星红，是因为在卖座的电影里有过迷人的演出。整个制作团队，从剧本到导演，从服装到配乐，从布景道具到灯光设备，经过漫长时间集体造就了一部成功的电影，也才造就了迷人的明星。

歌星红，是因为推出了令人感动的好歌。这首好歌，来自从作曲家到乐团到制作的音乐工作室契合努力。大家按照企划一步一步合群工作，才出现了这么一首惊世歌曲，也才造就了当红歌星。

一个每天在算计他人，每天在想要捞到他人钱的人，每天处心积虑，但到头来赚不了什么钱的。

只有到了某一天，他改变心态，开始了解只有抱着解决问题造福人群的心态，怀着帮助别人过好日子的心境，他才有可能真正赚到实实在在的几桶金。

4.4　谁说你比别人差？

这本书即将结束。

就像我每一场演讲，结束前我都会献上几个我自己认为特别珍贵的箴言，我希望告诉大家：

第一句话是一个高中生与我分享的。我担任硅谷高中生演讲比赛的评审，听到孩子们的心声。虽然我是评审，其实我向学生们学习到更多。

Things always worked out at the end. If it has not worked out, it is not the end.

（人生凡事到最后总会好转，如果你的情况尚未好转，就是未到最后。）

这不就是所有历经颠簸的创业家之心声吗？

人生没有失败，只有暂时的挫折。唯一的失败是当你决定放弃的时候，才真的失败了。

第二句话是在美国长大的孩子、我自己的小儿子告诉我的：

我要到亚洲去尝试尝试。虽然未来充满变数，但是我总要试一试，不然我永远只是听你说，而自己无法真正知道亚洲是怎么一回事。

这不就是所有年轻人的心声吗？

当年我要到美国来尝试尝试。今天又一堆美国孩子想到亚洲闯一闯。虽然我会想念自己的孩子，但我相当认可，这是最美丽的事情！

第三句话，其实是一首我引用多年的诗——郑板桥的咏竹诗：

> **咬定青山不放松，**
> **立根原在破岩中。**
> **千磨万击还坚劲，**
> **任尔东西南北风。**

想象您这位即将创业的朋友，是一根长在山边岩石堆中的竹子。环境不好，但是你紧紧咬住自己的核心能力，凭着自己的能力在破碎的岩堆中成长。

你经历了无数的挑战与磨炼，遭受了多重打击，但还是坚挺地站在那儿。无论外界风吹雨打，变化万千，你都丝毫不受影响，继续向上成长。

微软的比尔·盖茨是大学辍学生。

苹果的乔布斯只有高中毕业。

以前台湾的经营之神王永庆是小学毕业，还卖米卖到被关过。

中国最红的"三马"（马云、马化腾、马明哲），都不是什么显赫家世出身的人，没有含过金汤匙。

这些都是大家耳熟能详的例子。

作者我与大部分人的出身学历以及能力相较，都只能算是一般般，甚至较差？但我觉得自己日子过得很精彩，一直知足常乐，帮助过很多人，也还会继续以这种"向人学习"的态度继续往前。

你呢？

还在抱怨自己没有好运气？

还在怀疑为何自己没有好机会？

看完这本书，回忆本书中所说的，赚大钱成大业的创业家想的与"过去的你"不一样。

不过，"现在的你"已经与任何赚大钱的企业家想的一样了。

改变自己，脱胎换骨，让自己与所有成功者想法一样。你已经迈出第一步。

接下来你会陆陆续续地向前。

这个世界够大。

这个世界竞争虽然很多，但有特色的人总有出人头地的机会。

这个世界永远都欢迎创新的人，永远都拥抱那些凭着自己能力为自己打开一番天下的创业家。

你，当然也能！